天

Borderless

下

博稽古今 融汇天下

天
Borderless
下

耶鲁精神
Yale's Spirit

感受耶鲁大学
及其法学院

（第2版）

冯建妹 著

法律出版社
LAW PRESS · CHINA

目　录

Chapter 3

第三章 嘉年华会

Chapter 4

第四章 独一无二的耶鲁法学院

Chapter 5

第五章 抽签在耶鲁——耶鲁精神和文化观察

Chapter 6

第六章 在耶鲁尽情放飞你的梦想——耶鲁师生访谈实录

Chapter 9

第九章 毕业典礼

Chapter 10

第十章 永远的耶鲁——一生的牵系

Contents

Chapter 3

A Wonderful Year at Yale

Chapter 4

The Unique Yale Law School

Chapter 5

Lottery at Yale

再版序言

将法律念出另一模样来!

Preface of the Second Edition: Another Face of the Law

很久没有写作,再度提笔,思绪万千,却零零落落,点点滴滴,无从下手。16 年前,耶鲁精神和无数耶鲁人感动了我;10 年前,《耶鲁精神》面世,感动了无数读者;10 年来,无数读者的来信和评论又再度感动了我,激发我再次思考耶鲁精神对于法学院的年轻学子、已经走向社会的法律人,对中国的法学教育,对当今社会到底有什么样的价值和启蒙意义。

再版序言的主题首先是感谢和感恩,这也是我一生的主题。我永远记得 1981 年的夏天,15 岁的我,背着村里第一个女大学生的骄傲和荣耀,第一次坐上绿铁皮火车,从一个地图上很难找到名字的江南小村——冯家塘——来到南京，从此开始我五彩绚丽的人生！是什么样的机缘，使我可以如此幸运在四所优秀的高等学府——南京大学、西南政法大学、哥伦比亚大学、耶鲁大学——接受教育，有幸感受中美两种教育体制，领略两种不同文化的美妙；更有幸和美国总统一样——坐在同样的教室，同样的图书馆，聆听同样的教授的教诲；又是怎样的幸运，遇到法律出版社的慧眼，将我耶鲁求学的感受心得精雕细凿成《耶鲁精神》奉献给中国的读者。

《耶鲁精神》的部分内容是我在《扬子晚报》《新华日报》《青年一代》《莫愁》等报纸和杂志上的一些随笔，像《红色的哈佛和蓝色的耶鲁》《世界地图》等。没有想到，这些非学术随笔竟广受读者喜爱，尤其是《抽签在耶鲁》，2002 年 6 月 2 日在《扬子晚报》国际副刊发表后，被大量转载和引用，包括《读者》《报刊文摘》和《周末文汇》等。其他的章节是在周末、春节假期、飞行在太平洋上空的长途航班上完成的，出版以后读者的反馈让我觉得所有这些辛苦都值得了。《耶鲁精神》2007 年 5 月出版，7 月底就荣登风入松书店法律类图书排行榜第 2 名，最高人民法院一位朋友打电话告诉我时，我真不敢相信。其实，我的学术专著《现代医学与法律研究》以及和朋友合作的《病人的权利》和《美国隐私法》等作品也都受到相当的认可，但是没有一本有《耶鲁精神》这么大的影响力！

感谢法律出版社，感谢读者的厚爱，特别感谢信春鹰老师百忙之中为《耶鲁精神》做的精彩书评。两年前发现蒋志如博士从学术的角度对《耶鲁精神》进行了梳理，探讨了大学的基本宗旨和法学院的基本职能，很多独特视角是我写作本书时所没有想到的，读后受益匪浅。①

最出乎意料的是,《耶鲁精神》影响了一些读者的职业发展方向。2009年3月,在中国人民大学演讲完,收到的提问纸条里面有这样两张:“听您的演讲与阅读您的书同样令人充满了遥望梦想的动力。我是一名经济学专业的本科生,两年半的大学生活,最大的收获之一是发现学习法学才是自己最为心仪的生活。因此我准备赴美攻读J. D.。”“受益于您的《耶鲁精神》,顺利而执著地完成了理工科向法学的转型。请教您,对于人生的不断趋于完美的塑造是什么精神支持着您?源于内心的强大力量还是家庭的支持?”到了8月,同事到美国总部出差,有天晚上突然很兴奋地从康州打来国际长途,一位耶鲁森林环境学院的研究生因为看了我的书要改念法律,希望无论多忙可以和她通个电话。对这些读者,我受宠若惊,也诚惶诚恐。其实,法律职业本身就是最富挑战、最具魅力的一个职业,他们也许迟早会走上法律人的人生旅程,而我,只是碰巧幸运地在某个车站和他们相遇了。

很多读者告诉我,《耶鲁精神》是一本励志的书,激励他们一路前行。“您的《耶鲁精神》一直放在我书桌前,时常会拿来翻翻,尤其是在情绪低落沮丧的时候,通过自己对其中那些文字的感受给自己力量。”事实上,正是这些读者,激励我一路前行!记得有年除夕夜,无意在网上看到一位北大博士生的读书清单,不知怎么就转到云南

① 蒋志如:《美国大学、法学院与中国大学法学院》,载《中山大学法律评论》2010年第8卷第1辑。

大学学生的寒假读书书目里,想到在祖国遥远的西南,也许一生都无缘认识的年轻学子会翻看我的书,不知会是怎样的感受。那个除夕夜,无法入睡,作为一个法律人,我到底应该做些什么、又能做些什么才能对得起我受过的法律教育,做一个对社会有用的人?一个独立的生命个体到底要怎样,又可以怎样走完她的一生才无怨无悔?

10年来,结缘《耶鲁精神》,认识的、不认识的;谋面的、未谋面的;此岸的、彼岸的;很多讨论、很多故事、很多感动,不知如何道来。好在和法律出版社的孙东育女士、韩满春编辑一见如故,他们对《耶鲁精神》的认可和信心使我颇受鼓舞,第一次见面就给我很多启发,打开了我的思路。接下来,让我们跟随读者的心声一起来重温和思考耶鲁精神的价值。

法律与爱

2009年8月3日,一位读者在当当网上留言:"一本让我几度落泪的书,作者满怀感恩的心用最质朴的语言描述了在耶鲁法学院生活的点滴,友爱、温情、互相支持的耶鲁精神让人向往。"感谢这位读者!我不知道你是谁,在哪里,但是文字已让我们心灵相通。其实在写作本书的过程中,回忆起在耶鲁受到的种种关爱,我和你一样几度泪落。因为你,再版之际,特别补上 Harrison 教授给法学院学生的一封信,希望你可以看得到,相信大家也都会从这封情真意切的信中有所感悟。

亲爱的同学们：

你们也许还记得，在上周入学培训中我曾答应谈及以下两个话题：如何做案例摘要；我为什么在邮件中署名“爱你们的 rob”。当时我没来得及涉及第二个话题，所以我才给你们写这封信。

第一，我不敢想象如果我们——所有的人——不传播我们的慈爱与怜悯之心，世界将会发生什么变化。英国诗人奥登曾在 1939 年就断言：我们的选择是——互爱或者死亡！现在依然如此。在 Koh 教授热情洋溢、激励人心的演讲中，他说，在“9・11”事件之后，人们开始问一个蒂娜特纳式的问题：“与法律何干？”当然那是一个重要的问题，正如蒂娜特纳那首歌曲所提出的问题：“与爱何干？”① 的确，我觉得作为一个国家，如果我们不开始在我们的外交政策中注入更多的爱，那么，我们的命运将被奥登不幸言中。

第二，我很担心法律教育能对你们个人的慈爱与怜悯之心起到什么作用。我说过，在工作中，看你的法律备忘录与简报的人，对你所展示的或逻辑上证明的、推断的内容，比对你个人的想法或感受更感兴趣。教授独立客观性是任何专业培训的一部分，但在训练你们进行精确分析与思考的同时，也会不经意间减弱你们的感受力。例如，我们训练你们关注所读的案例中的法律原则与具体规则，而不是关注受到伤害的人到底发生了什么事。

一般情况下，法律与爱看上去没有多大的关系。在 Alstott 教授

① 蒂娜特纳（Tina Turner），美国老牌黑人女歌手，“与爱何干？”是她的一首经典歌曲。

的讲座中,她正确地指出没有立法能够调整爱。Kronman 教授有时也会告诉一年级的同学:法律是有局限性的,法律和律师不能使人们变得惹人喜爱的、爱他人或被他人所爱。但我要让你们知道一个不算太小的秘密——使人们能够被爱真的很容易,你要做的就是爱他们!因此,此时此刻,我正式宣布你们所有的人都是惹人喜爱的——因为我爱你们!正因为我爱你们,我将会:试着记住你们的名字;试着在你们需要依靠的时候出现在你们身边;试着在每次我们接触的时候让你们感受到爱;并且将我的邮件署名为"爱你们的rob"——为了时刻提醒你们,你们是多么惹人喜爱!

作为回报,我只请求一件事情:你们彼此相爱。一生中我们可能不会"爱"(浪漫爱情中的爱)上好多个人,但我们有无限的能力来憧憬更广博的爱——并使这种爱成为现实。如果我们同意相互之间爱着对方,如果我们可以真心为对方高兴、支持对方、滋养和宽慰对方、不评价对方或与对方恶意竞争,并且无限真诚和极其慷慨地对待对方,你能想象这个世界将会变成一个多么美好的乐园吗?俗语说得好:"如果你从爱中走来,你便不必再去寻找爱。"如果你满怀着爱对待他人,他们除了以全部的爱回报你,难道还有别的选择吗?换句话说,以你们的能力你们可以做两件法律做不到的事情:爱别人,并且让别人具备爱的能力。

在其他法学院,学习成绩和班级排名制造了一场零和游戏,使得一个同学的成功建立在牺牲其他同学的基础之上;在这里,耶鲁法学院,1969 年,为了取消班级排名和改革评分机制,学生们的口号是:"让我们站在一起,而不是骑在他人的头上。"对的,让我们站在一起！不止这些：让我们手拉着手，相互拥抱，共同参与特蕾莎修女爱的革命。让我们成为山巅之城，为其他团体树立榜样，最后使全世界也变得如此！让我们成为爱的傻子，就如我们的生命和世界的继续需要爱一样——因为它们的确需要！

爱你们的 rob！

将法律念出另一模样来

这是一封10年前让我久久无法平静的来信，出自一位才华横溢的年轻法律学子，珍藏至今，未敢删除。10年后再读仍然心潮澎湃，赤子之心，跃然纸上。借再版之际分享给更多读者：

非常感谢您的书！我用一天的时间将其一口气看完了，感觉两个字：震撼！

我读研究生的时候，法学院来了一位富布赖特访问学者，耶鲁法学院的毕业生。当时我慕名选了他的课，可是授课的内容却与我希望的大相径庭：他从来不谈如何在商业实践中运用法律，也很少介绍美国的商法、合同法这类与赚钱息息相关的法律，相反，他卖力地“鼓吹”公共利益法，向课堂上的中国学生不遗余力地介绍美国公益律师如何利用各种模式促进社会福祉。

那时我始终有个疑惑：这个美国佬怎么与我的固有印象不同？我印象中的美国律师都极其商业化，均以个人利益为上，美国人读法律，多数是为了将来赚大钱，怎么这个美国佬这么强调公益法，且言谈举止中似乎对赚大钱没什么兴趣？更令我不解的是，他这颗

"公益事业"的心还带到了中国:他非常关注中国的环境保护问题,松花江污染事件发生时,他马上就向我们介绍美国若发生了这样的事情,公益诉讼律师会通过怎样的方式捍卫民众的权利……我一直奇怪,是什么东西激励着这个年近六旬的"老头"如此热情和执著地做公益诉讼和公共利益法教学?又是什么东西使他在这个充斥着追求物质享受的世界上心无旁骛地追求自己的理想,并号召年轻人一起为这个理想奋斗?

在看完您的书之后,我想我可能找到了答案:是耶鲁法学院这个神奇的地方造就了"老头",这种精神已经深入他的骨髓了,"病入膏肓""无可救药"。我喜欢您在书中提到的那个例子:多年前的耶鲁法学院,一名黑人毕业生非常穷困,无钱购买新衣去体面地求职,而法学院的院长却说,"你赶紧去买一些衣服,我会支付这些衣服的钱"。我感到耶鲁法学院的精神中有一种大爱:这种大爱让泰斗级的教授自费为一百多位学生赠书,并在每本书上亲笔撰写赠语;这种大爱让在大课上授课的教授能清楚地记得学生的名字;这种大爱让五六十岁的教授在课堂上如孩童般狂喊着"错、错、错",并迅速感染着听课的学生;这种大爱让院长的办公室成为学生们可以随时驻足的场所;也正是这种大爱培育了师生间、同学间深厚的友谊,并激励着一届又一届的毕业生投身于耶鲁法学院另一种精神——勇担社会责任——的实践中。我对耶鲁一年级法科生从事公益服务的比例感到震惊:在中国,多少法学院的在校生以找到好的实习单位(特别是外资律师事务所)为荣?但对耶鲁法学院的学生,我感觉为公益服务似乎是他们的一种天然使命,这不,我就遇到了这么个浑身充满着“公益劲儿”的“老头”。

“法律是我们所拥有的最有力的实现改变的武器。它的作用不是建立一个完美的逻辑体系,而是实际地影响和改善世界,把世界变成一个人们生活得更好的地方。那些求助于法律但没有看到法律这一目的的人,那些否认法律是为理想主义者和梦想家而创立的人,无法明白法律是为了什么,无法尊重法律最深层的需求。他们无法达到法律所希望的;他们无法理解或感受到法律所赋予他们的紧迫的使命;他们无法利用这已放入他们手中的工具……拿起工具并使用它,让它变成一种力量……”Kronman 教授的这段话我读来很有感触,觉得自己在念了 6 年半法律后,反而念丢了一些东西。我想,如果我在 7 年前就读到了 Kronman 教授的这篇演讲,或许我会将法律念出另一模样来。

我从您这本书中受益良多,并真切地感受到了耶鲁法学院的精神:只有了解了一个法学院的精神,才能理解这个法学院培养出来的学生。您的书解开了我心中的一个长久的困惑,谢谢!

如果我们不行,谁行呢?

耶鲁法学院以鼓励学生胸怀大志、以改变世界为己任,很多读者对此进行评论,刘柄汐女士的《耶鲁精神》[1]一文是其中的佳作,尤其文末的提问“是我们放弃理想,还是理想放弃了我们?”直击心

[1] 刘柄汐:《耶鲁精神》,载正义网,2008 年 7 月 24 日。

灵,摘录其精华分享如下:

“耶鲁法学院以鼓励教工及学生相信他们有能力改造世界并应担负起这一责任而出名。但当然我们是可以办到的。我们不行,谁行呢?”

这段话出自《耶鲁精神》这本书……除了书的内容,这本书尤为吸引我的就是本文开头的这一段话,尤其是那句“我们不行,谁行呢?”这看似无知莽撞少年说的话,细品起来有着许多回味,给了我很多的思索,也让我想起很久以前看的一则小故事。故事讲一个人很迷茫,不知道以后的路要怎么走,于是他妈妈就把他带到厨房里。在炉子上放了三个锅,分别放了一个鸡蛋、一根胡萝卜和一把茶叶。煮了一会之后,鸡蛋变得硬了,胡萝卜变得软了,而茶叶则由原来的卷曲干巴变得舒展盈润,锅里的白开水也变成了茶叶水。这个人也领悟了妈妈的用意,鸡蛋和胡萝卜都因为环境而改变了自己,只有茶叶借助环境不仅释放丰满了自己,也改变了水的本色。这个故事与耶鲁精神中鼓励教工及学生改造世界并坚信自己能够办到的精髓不是一样吗。只是一个言辞宏大,一个细微委婉。表达的都是坚信自己,改变周围从而实现自我成长的精神。

可是不知何时这种精神渐渐离我们远去……在一日一日的琐碎消磨中理想变成了偶尔想想。改变世界、耶鲁精神这些听起来离我们太过遥远。直到读到这本书,看到本书作者的求学之路,又想起以前看过的小故事,心中不免一阵惭愧。“不屈从环境”“我们不行,谁行呢?”这种精神离我们真的那么远吗?是我们放弃理想,还是理想放弃了我们?

再感受一下自己曾经让自己热血沸腾的理想吧,再给自己的心中注入一点希望,坚信“我们不行,谁行呢?”①

培养对法律的忠诚

在法学院的法律教育中,首先应该注意培养学生的哪种品质?疾恶如仇、刚直不阿抑或公正廉洁?这是许多法学老师经常思考的一个问题。《耶鲁精神》一书中,提到耶鲁大学前法学院院长安索尼·克罗曼教授开学典礼上的讲话,也涉及了这个问题,读后让人茅塞顿开……克罗曼教授是在讲到律师这一职业所面临的困境时涉及法律忠诚问题……认识到律师生活在一个永远割裂的忠诚中是很重要的。因为一方面,律师对他的当事人要忠诚,这是一种神圣的义务。同时,律师必须时时刻刻、有意识地关注法律的总体利益,关注赋予法律尊严和我们的社会道德公正的理想。

对于将来走出校门的学生,不管社会的大酱缸如何污染,培养他从事其职业的底色仍然是很重要的。尽管我们法学教育的目标比较模糊,但培养学生对法律的忠诚,不仅为他们将来从事法官、检察官或律师职业所必须,而且也为他们做一个普通的合格的公民所必须。从这个意义上而言,培养学生对法律的忠诚,应该是法律教育的首要任务,也是法学教师的首要职责。②

① 刘柄汐:《耶鲁精神》,载正义网,2008 年 7 月 24 日。

② 马建红:《培养对法律的忠诚》,载《北京青年报》2015 年 10 月 31 日。

马建红博士这篇《培养对法律的忠诚》关于法律教育任务的探讨,非常有价值,读后思考良久,联想到著名案例“快乐湖尸案”。

那是1973年的夏天,纽约一名叫罗伯特·格鲁的机械师被指控犯有一起谋杀罪,富兰克·阿玛尼及法兰西斯·贝尔格被指派为罗伯特的辩护律师。在与律师的接触中,罗伯特承认他的谋杀事实,并且坦白了另外3起杀人案的事实,包括强奸杀害一位少女并告知律师抛尸地点。律师根据罗伯特提供的信息找到了尸体。但即使受害人父母请求两名律师告知其女儿失踪情况,两名律师始终没有披露尸体所在。罗伯特最终在法庭上承认了谋杀以后,这两名律师才公开承认他们早已知道该犯罪事实并知道抛尸地点。

此事件在美国掀起轩然大波,社会大众和媒体对两名律师予以愤怒声讨,认为他们没有履行社会责任,违背人性和道德;受害人父母对两名律师提出指控,理由是他们违反了当地公共卫生法案中关于任何人知道某人非正常死亡的消息都应报告有关当局的规定。但是法院驳回了这一指控,认为律师负有对客户信息保密的义务。律师协会道德委员会也认为:律师的行为不仅是允许的,而且律师如果披露客户信息将违反律师执业规则。这两名律师的行为虽然得到了法律职业界的肯定,但是遭遇了律师职业伦理与公众道德分歧的痛苦挣扎。本案在无数的法学评论文章及法院意见中被讨论,并成为1987年著名电影《保持沉默》的素材。

虽然律师执业规则后来做了适当调整,“快乐湖尸案”揭示了刑事律师面临的一个极端的法律与道德困境;有学生曾问:我的职业是商业律师,是否就可以避免这样的冲突?我的答案是:No! 商业律师和公司律师在日常工作中也会面临不同情景的类似冲突。你是一家汽车制造商公司的律师,公司知道某款汽车的刹车有质量问题,但是不打算告诉消费者,你怎么办?去调查一个被兼并对象,发现厂房地下的土地已被严重污染,你和对方签了保密合同,承诺对调查结果保密,你怎么办?你的公司从欧洲运来一船化学品,没有中文标签,到达中国港口时发现已经泄漏,有污染海洋的风险,你的老板说公司有能力自己处理,不需要汇报政府,你怎么办?

也许,世界上没有一种职业会像法律职业这样,一生都面临无数困境和冲突。有些冲突非常棘手,甚至是一个悲剧的选择。也许法律职业本身就是一个悲剧的选择,我们的专业要求理性甚至无情,我们的人性呼唤感性而且有情,我们的一生注定要在很多艰难的选择中度过。

所有的法学院都教民法、刑法、公司法、民事诉讼法、刑事诉讼法等各种实体法和程序法。这些传统的法学领域,有最好的老师,教学生法律技术层面的各种原理和规则;也有很多将这些法律知识变成实践能力的实务教学和尝试。但是,如何培养学生对法律忠诚的情感并让这种情感融入他的血液伴他一生?如何培养学生应对未来必将面临的各种法律困境?如何培养他们解决冲突的能力?

目前法学院设置的法律专业课程和法律职业道德课程足够来培养对法律的忠诚吗?如果不够,那要怎样?需要一门专门的课程吗?需要专门的老师来教吗?如果法学院——这个法学教育的最高学术殿堂——也不能够培养这样的忠诚,那么谁来培养?如果法学院培养出来的法律人不具备这样一种对法律的忠诚,那又会是怎样的后果?

这篇序言,无意也无力回答上面这些问题,只旨在于和读者一起来思考。

对国家民族有所担当

什么是"耶鲁精神",简言之就是对人类和世界的宽广胸怀和高度责任心。显然,作为当下中国中青年一代的法律人,如果仅仅满足于成长道路上一城一池之得失,抑或过分计较于个人名利之得失,就难以对这个社会、国家或者民族有所担当。①

要对社会、国家或者民族有所担当！杨力教授对耶鲁精神的解读引发我对"法律人的社会价值是什么?"的再思考。

我们为什么学习法律?

1993年,Kronman教授的经典名著《迷失的律师——法律职业理想的衰落》问世。他说,一些人为了金钱,一些人为了权力和名望,还有一部分人,是为了实现其政治理想而成为律师。无论哪种原因成为律师,都没有错,但是最后这部分人才真正地令人羡慕。大部分律师都渴望或自豪地相信他们在工作中的内在满足是人类价值自我实现的一部分。但是这种信念正在动摇、衰弱。尽管律师们有丰厚的物质生活的光鲜外表,但所从事的法律职业不再令他们感到满足。法律变成了和其他行当一样,每天忙碌的工作只是为了

① 杨力:《要对国家民族有所担当》,载《解放日报》2012年12月13日。

谋生。他认为这是美国法律职业的精神危机，并把这种危机归因于律师政治家理想的崩溃，鼓励社会公德的法律奉献价值体系的崩溃。该书试图清晰阐述律师政治家理想并使她重新焕发光彩。一个出色的律师，不仅仅是机械的法律问题的技术专家，要有良好的判断力、审慎的实践智慧，更要有公益服务的精神，并视其为一生追求的理想。

Kronman 教授 1993 年对美国法律职业界的判断对中国法律界适用吗？今天的中国法律人是什么样的状态呢？选择了法律，就是选择了世界上最有权力、最有优势的一个专业。这个职业可以让我们有体面的生活，甚至锦衣玉食，百万年薪对于年轻法律人也不是遥远的梦想。但是，法律人的终极目标到底是什么？挣钱就是唯一的目标吗？法律仅仅变成了赚钱手段吗？还是让你感到激动而荣耀的职业？你变成“迷失的律师”了吗？当你成为法律技术专家，可以为你的客户起草完美、无懈可击的合同条款，为当事人避免法律风险时，法律人还可以做什么？追求个案公正的你是否同时也关注了总体的社会公正？在实现中华民族伟大复兴的道路上，法律人，你又可以做些什么？应当做些什么？

没有回答的问题

10 年中，我曾经在中国人民大学、上海交通大学、西南政法大学、华东理工大学、北京大学国际法学院、上海外国语大学等很多大学演讲。真诚地感谢那些听我演讲、提出问题的青年学生，你们的问题、感悟、评论给我很多启发和鼓励。

"冯老师,您讲座的后半部分真的很触动人心,我也曾经梦想改变世界,也曾经想让这个世界中不再有贫苦,不再有不公,但现实往往残酷。曾经失落之后,发现世界可以一点一点改变,我会从一点一滴做起!与您共勉!"感谢这位同学,你递给我的不是一张纸条,是看似平凡、却需要坚持才能做到的誓言。让我们一直记住:世界可以一点一点改变,我会从一点一滴做起!

有很多的问题,我没有回答:

· 律师是在黑暗中行走的人,除了提高自己的专业能力以外,我们还需要通过哪些途径提高自己的人格修养和在黑暗中的秉持力?

· 律师是神圣的,但一个被金钱腐蚀的人是可怕的,当潜规则受益者要求您做出有悖道德的事,您会做何抉择?

· 怎样在物质和世俗中保持法律人的品格完整?

· 老师,作为一个在边远山区支教普及法律的毕业生,和一个在华尔街、在曼哈顿高大的写字楼里做律师的人,哪一个实现了自己的职业价值呢?

这些问题,我没有忘记,也不敢忘记。有的,我已经有了答案;有的,我和你们一样在苦苦挣扎思考;有的,也许终身无解,可能需要你我一起穷尽一生来寻求答案。这么多年过去,不知岁月是否磨炼出了你自己的答案?我很想倾听。有朝一日,如果我们有缘重逢,你是否还记得你当年提过的问题?而这些问题是否一直在照亮和激励你的法律人生?时光飞逝,不知道你们身在何方,你们各种颜色、长短不一的纸条一直珍藏在我的书架，而这将是我继续前行永远的动力！

对于那些由于《耶鲁精神》而改变职业道路的优秀学子，希望你们没有后悔自己的选择，怀抱梦想，坚定前行，永远记得最初让你投身法律时的热血沸腾，去把梦想中美好的世界变成现实！

在结束序言时，我想再一次和读者一起追问：为什么学习法律？为什么？作为一个法律人，让我们一生都不要放弃这个追问！此刻，耶鲁法学院老院长那富有磁性的声音又回响在我耳旁，穿越了16年的时空，却仿佛就在昨天：

法律的作用就是创造一个更美好的世界，学习法律的人不是简单地为了让自己过得更好，而是为了让全社会更好！

01

第一章

初抵纽黑文

Chapter 1. Arriving at New Haven

一、艰难的选择——当教授还是当学生?

当教授还是当学生?这似乎是一个荒谬的问题,而且对于99%的人来说,这个问题的答案是显而易见的——当教授。但这却是2001年3月到8月间我所面临的一个艰难选择。

我至今仍然清晰地记得那个夜晚。2001年3月13日凌晨,我刚入梦乡,电话铃声响了,迷迷糊糊之中,电话那头一个女性热情洋溢的声音传过来,“建妹冯,我很荣幸地代表耶鲁大学法学院通知你,你被耶鲁法学院研究生项目(LL. M. Program)录取了。祝贺你!你是幸运者!世界各地有多少人在申请耶鲁法学院,可是

Yale Law School

Jianmei — This offer is contingent upon an acceptable TOEFL score, as mentioned in our telephone conversation. JCouture

BARBARA J. SAFRIET
Associate Dean

March 9, 2001

Ms. Jianmei Feng
Nanjing University Law School
Nanjing Jiangsu 210093
P.R. China

Dear Ms. Feng:

I am very pleased to confirm that you have been accepted to the Yale Law School LL.M. degree program for the 2001-2002 academic year. The Graduate Committee was extremely impressed with your excellent academic record and commitment to scholarship and teaching.

Yale Law School is an extraordinary community in which to study law. Our unmatched faculty-student ratio allows a vast array of courses in every area of law, an average class size under twenty students, and infinite opportunities for independent academic projects. Graduate students have a completely elective program and are encouraged to conduct independent research and writing under a faculty member's supervision.

Tuesday, September 4, is the official opening date for academic year 2001-2002. Some classes begin on that date, and there is a school-wide orientation as well. For your planning purposes, we also want you to know that an orientation program for the incoming LL.M. class is tentatively scheduled for August 27 - 31, 2001. More details regarding courses, tentative class schedules, living arrangements, and the week-long orientation will follow some time in May.

We estimate that the individual student's budget for the 2001-2002 academic year will be approximately $42,000, including tuition and fees, room and board, books, health coverage, and personal expenses. In order for us to evaluate your need for financial assistance, please complete and return the enclosed financial aid form promptly. Your situation will be reviewed and we will let you know how we can assist you. To facilitate the process, feel free to fax the completed form to 203-432-7362.

I very much hope that you will accept our offer of admission. I would appreciate your notifying us of your decision by April 6. Please contact the Director of Graduate Programs, Judith Couture, at 203-432-1681, or via email at Judith.Couture@yale.edu with your decision or, if you need additional information or time to make your decision.

Congratulations on your acceptance. We look forward to your reply and to having you join us here next fall.

Sincerely,

BJS:cpc
Enclosures: 2000-2001 Bulletin, Financial Aid Form, Data Collection Form, Questionnaire
(The Bulletin for 2001-2002 is not available until late August.)

P.O. BOX 208215, NEW HAVEN, CONNECTICUT 06520-8215 · TELEPHONE 203 432-1685 · FACSIMILE 203 432-7362
COURIER ADDRESS 127 WALL STREET, NEW HAVEN, CONNECTICUT 06511 · E-MAIL BARBARA.SAFRIET@YALE.EDU

耶鲁法学院的录取通知书

能被录取的极少。”我的脑子里面是一片空白，礼貌地说了谢谢，挂了电话以后，人还是在睡意朦胧之中，不知道这是真的还是在梦中。

知道我被耶鲁法学院录取的消息，很多朋友都劝我，你马上就要当教授了，而且十几年前在中国早就有了硕士学位，为什么还要去念一个美国法律硕士学位呢？没有任何意义。要是你有念书瘾，去念一个中国博士好了，不比去耶鲁念书轻松？还有朋友劝我，看看整个中国法学界，有几个女性法学学者在29岁就出版了自己颇有学术影响的法学专著？你为什么就不能静下心来把你的学问认真做下去成为一个真正的法学家？

我不是一个崇洋媚外者，可是有一点我却非常清楚，即使我在中国当了教授，我的学术水平甚至比不上耶鲁大学法学院或者哥伦比亚大学法学院的一个讲师。1999年，在哥伦比亚大学访问进修的一年，我清楚地看到中国的法学研究在研究方法、研究手段、研究人员本身素质上与美国法学界的巨大差别。我看到一些才华横溢、知识渊博的学者在美国这些名牌法学院也只不过是一个讲师，我这个副教授心里很不是滋味。这些年，我觉得我的知识几乎都用光了，而且知识体系也过时了，急需充电更新。要想做一个真正一流的侵权法学者和医学法学者，我知道我必须再回美国深造。

我从哥伦比亚大学法学院进修回国后，很多法官和律师朋友都常常来找我咨询一些美国法律问题，也有大公司要请我做法律顾问。同时我的侵权法讲座也有很好的声誉。我在医学法领域的研究在国内也是最拔尖的。我最要好的女朋友数落我：“哪里有你这样笨的人，有这么多挣钱的机会不要，非要去美国受罪念什么学位，你不知道美国法学院有多恐怖多难念吗?”朋友说的也是实话,学法律的人大多当律师挣钱去了。我的先生现在还常常和我开玩笑:“你两次去美国念书,我们家的一点积蓄全让你扔进太平洋了。”

当时我正在准备《现代医学和法律研究》第二版,“九五”课题“侵权法问题研究”也只做了一半,小小的书房里面堆满了我的书稿。我知道,只要一脚跨进耶鲁法学院的大门,就不可能再来继续我正在从事的研究和创作,一年的时间全部用在学习上还不知道能不能拿下这个学位。1999 年到 2000 年整整一年的时间我把自己关在哥伦比亚大学法学院图书馆里收集的上千篇论文和几百本书全都是浪费了,很多新的资料一两年后就过时了。虽然当教授、出书、金钱、名利统统可以放弃。钱可以不挣,我原本对于挣钱就没有太多的兴趣,书也可以将来慢慢写,但是家庭和女儿呢? 犹豫再三,我决定暂时放弃。

于是就给我的推荐人——哥伦比亚大学法学院中国法中心主任爱德华(Edwards)教授和美国 UB 基金会中国项目主任安妮(Anne)女士写信,说准备先把手头的医学法写完,同时也把我的英语提高一下,今年就决定不去耶鲁了,以后再去。同时把我的决定通报给哥伦比亚大学的朋友。朋友们立即写信来骂我,说我是个逃兵。

爱德华教授在信中说:“你是我所见过的最勤奋、最优秀的一个中国学者,没有人比你更加符合耶鲁法学院的候选人条件了。你一定要来耶鲁,她是最适合你的地方。你的医学法可以等你念完耶鲁的学位再写。你现在写,仍然只是在中国的视野里面写,你一年后写,耶鲁所学的知识会使你的视野更加开阔,是从比较法的角度着眼。再说,英语永远没有完美的时候,来耶鲁读书就是最好的提高英语水平的途径。”

安妮女士的信则是劝说之中带着些许的责备。她说:“耶鲁法学院是千千万万人的理想和梦想啊,怎么可以随便放弃呢?这样太不认真了。”我当然知道耶鲁的无上荣光。还记得1999年圣诞节我回中国度假,在纽约飞东京的飞机上,遇到一个美国得克萨斯大学的统计学博士,他说他女朋友最大的梦想就是去耶鲁上学,最好是念东亚文学,将来争取到中国来工作。对于美国人来说,耶鲁已经是一种难得的荣耀,是美国总统和政治家的摇篮,对我这个普通的外国人来说,更加是一种殊荣。大洋彼岸不断传来的是教授们的循循善诱和朋友们的声声呼唤。朋友不断地给我鼓劲打气,“你最适合去耶鲁念书,那里是做学问最好的地方”。

最终,我做出了去耶鲁读书的决定,一半是一见钟情,是心灵深处的一种向往;一半是大洋彼岸的呼唤。我至今还记得第一次到耶鲁法学院图书馆参观所受到的震撼。当时想,如果能够到这样天堂一般的地方来念书,真是莫大的荣幸和享受。我自己也是在到了耶鲁法学院,在学习的过程中,一步一步地感觉到我的决定的正确;毕业后,我更是不断感悟到耶鲁的教育对于我职业生涯的帮助。

当时想着去耶鲁读书只是去去就来,却没有料想到这一去竟然完全改变了我早已习惯的生活轨道和方向。一年以后,由于“9·11”事件,美国经济急剧衰退,一些从来不解雇律师的纽约大型律师事务所也开始大量裁员的时候,我这个在大学法学院的象牙塔里度过了

20个春秋的学者,却被全球最大的跨国公司——通用电气公司聘用,从学术界来到了工业界,从耶鲁来到了香港,成为一名跨国公司的专业律师。

本书记载了我在耶鲁法学院一年学习生活的真实感受以及在美国的所见所闻。希望读者跟随本书和我一起走完我在耶鲁的历程后可以和我一样不悔。

二、初抵纽黑文——全新的生活

2001年8月12日,星期天。在经历了一段时间忙碌的准备工作后,终于再次飞越太平洋,来到纽约。我的老朋友Mary律师夫妇在肯尼迪(JFK)机场接我。因为飞机晚点,他们已经等了一个多小时,在他们热情的拥抱里,我几乎不能相信我又回到了纽约这座繁华的都市。

8月13日,星期一的早晨,Mary夫妇开车把我送到位于康涅狄格州纽黑文(New Haven)的耶鲁大学。我在好朋友吴立的同学海燕家里住下来,从此开始了我在纽黑文的学生生涯。

那天下午2点,吃了中饭后,我就去国际学生办公室和法学院报到。法学院研究生项目主任Annette是一个非常和蔼的美国妇女,一边给我介绍同学报到的情况,一边带我参观这座像古城堡一样神奇的法学院。

报到结束,我就开始找房子。其实,来耶鲁以前,耶鲁法学院已经给我在耶鲁的研究生宿舍(HGS—Hall of Graduate Studies)分了一个房间，可是合同上说明星期一到星期六必须在那里吃饭。打电话问了几个中国学生，都说那里的饭很难吃，而且全是容易发胖的食物。据说有一个中国学生在那里只住了两个月就胖了 10 斤。听上去很恐怖，加上我本来就不喜欢吃西餐，就一直没有在合同上签字。

没有想到在纽黑文找房子比纽约还麻烦。14 日找了一天也没有合适的。15 日继续找房子。先到 York 街上去看房子，走了一个小时，12 点才到，人却已经下班，只有一个黑人门卫，我很沮丧。没有想到这个门卫很和善，帮我去找这栋大楼的管理员。管理员也非常热情，帮我打了许多电话、带我看房子，怕我迷路，临走又给我画了一个地图，叫我不要走错路。可是下午走走就又迷路了，一个人坐在马路边看着地图发呆。两个白人学生过来问我，是否要帮忙。我笑着说迷路了，两人把我送到法学院。我虽然很累，口干舌燥，但是在这个陌生的小镇，在这些陌生人的热情里，我的心里是温暖的。

因为一时找不到合适的房子，就有点想住研究生宿舍，因为靠近法学院。16 号上午去宿舍管理办公室打听研究生宿舍的食物情况，工作人员给了我 9 月份的菜单，仔细看了一下，虽然都是西餐为主，偶尔也有亚洲食物，倒不是想象中的那样恐怖。然后就去研究生宿舍，经理 John 带我看了我的房间，正对着庭院中绿色的草坪，这套套房中还有一个很大的客厅和卫生间，沙发和房间家具也是齐全的，楼下有厨房。看完房间，John 带我参观庭院，坐在院子里的草坪上，给我介绍这栋研究生宿舍的悠久历史。

其实，这一片草坪、这一座古老的大楼我记忆犹新。1999 年 9

1999年9月我第一次来到耶鲁法学院，这座古典的红砖城堡让我一见钟情。

建于1932年的研究生宿舍HGS，是一座古典的哥特式建筑。

月我到纽约的第一个周末,朋友就带我来参观耶鲁,我在这里照了一张相片。当时只是为耶鲁美丽的校园所震慑,没有料到两年以后我会成为耶鲁大学法学院的一个正式的研究生并且可以住进这个古城堡。早知道研究生宿舍是这样的房子,我也用不着到处辛苦地去找房子了。当天晚上就决定从海燕家搬过来。John 实在是一个好人,给我送了一台小冰箱来。朋友又送了一些小家什来,这样就在研究生宿舍安起了我在耶鲁的小家。

很多老生告诉我,第一个月是最难适应的,一开学就会忙得透不过气来。所以,在紧张的学前培训来临前,我们决定利用周末的时间放松一下。几个中国学生相约周末到大西洋钓鱼去。

蓝天白云,无边的大海,和煦的海风,海边的景致美不胜收,不时还可以听到人们钓到大鱼后的欢呼声。一个 5 岁的小男孩连续钓到两条大青鱼,在桥上高兴得直蹦。在那里,我们遇到一对非常有趣、可爱的苏格兰老夫妻,他们很热心地为我们介绍各种大西洋的鱼。我们钓到的第一条鱼叫"Sea Robin",形状极其独特,红色的皮肤,有两个翅膀,像鸟一样。第二条鱼叫"Bluefish Fluke",是大西洋海域的一种青鱼,有很锋利的牙齿。我把手刚放到他嘴边,想看一下他的牙齿,就被他狠狠地咬了一口,直流鲜血。这才第一次知道,原来大西洋美丽的鱼儿是会咬人的。想来我是生人,所以大西洋的鱼也欺负我。

到 8 月下旬的时候,我的两个同屋也都陆续来到耶鲁。一个是西班牙女孩 Aida,一个是爱尔兰女孩芭芭拉。每天晚上 11 点的时候,我们三个人总在家一起坐在沙发上看美国著名的电视连续剧

《朋友》(*Friends*)。1999 年我在纽约时电视台就在放这部连续剧，没有想到两年以后仍然如此。

有了我这两位可爱的同屋，我知道，我在美国要开始过一种全新的生活了。我已经为人母亲，也习惯了家庭生活，现在要和两个来自不同国家、说着不同声调的英语的外国女孩在同一个屋檐下生活。而后来的一切证明我选择住在研究生宿舍，并且和两位可爱的欧洲女孩同住，是多么美妙的经历！同时，又是一种难得的文化交流和学习的机会。

等同学们慢慢地都到齐了，我发现，我们这个研究生班的同学真正是来自五湖四海，每个人的背景也不一样，有律师、教授、法官、记者，也有刚刚大学毕业的，是一个名副其实的国际大家庭。看看下面我们 2001 届研究生名单，26 位同学来自 17 个国家五大洲，就可以想象我在耶鲁的生活和中国有多么大的不同。这些大家庭的成员各有特色，非常可爱，是我耶鲁生活最繁华的章节之一。

2001 ~2002 年耶鲁法学院研究生(LL. M.)名单

姓名	性别	国籍
Faber Ronald Christian	男	奥地利
Feng, Jianmei	女	中国
Fernandez, Angela Suzanne	女	加拿大
Giorgetti, Chiara	女	意大利

Henquet, Thomas Servaas M.	男	荷兰
Heverly, Robert Allen	男	美国
Kersting, Christian	男	德国
Kozlovski, Nimrod	男	以色列
Martsoukou, Eleni	女	希腊
Montoya Stahl, Alfonso	男	秘鲁
O'Neill, Bairbre Eilis	女	爱尔兰
Peng, Yanan	男	中国
Perez Cortes, Ignacio	男	阿根廷
Prada, Marina Luisa	女	阿根廷
Prado, Mariana Mota	女	巴西
Rath, Netanella	女	以色列
Richards, Peter Judson	男	美国
Silva Pereira Neto, Caio Mario	男	巴西
Sivaramakrishnan, Siddhartha	男	印度
Stevenson, Drury Dean	男	美国
Striezel, Jana Corinna	女	德国
Torres Perez, Aida	女	西班牙
Woo, Ra Ok	女	韩国
Youssef Karim Yehia Abdel Rahman	男	埃及
Zegarra Mulanovich, Gonzalo Alonso	男	秘鲁
Zhang, Weiyi	男	中国

三、“自豪感”的学前培训——耶鲁法学院是独一无二的！

2001 年 8 月 27 日到 30 日，耶鲁法学院对我们研究生进行学前培训。法学院为我们安排了各种讲座，每天早上 9 点上课，下午 5 点下课，中午有 1 个小时吃饭的时间，有时吃饭时间也是讲座，课程安排得很紧凑，各种各样办公室的人来做报告，人很紧张，很累。

不过短短一个星期的学前培训让我们大开眼界，感觉耶鲁法学院的教授真是不同一般，难怪能够培养出很多著名的美国政治家。美国的大学一切都是为学生服务，“Services”（服务）这个词是一个星期的培训中听得最多的。与中国不同的是，中国大学的管理人员告诉你要遵守的各种纪律，而这里每一个人——无论他是院长还是主任还是一般工作人员，都是告诉你他提供什么样的服务，你如何得到和怎样使用这个服务。

例如，耶鲁大学的警察提供的服务有各种紧急求救电话和安全设施。在校园里面，你可以拨打“111”，校园外可以拨打“911”。校园里有 250 多个蓝色安全电话（Security Blue Phone），你感到害怕或者需要帮助就按一下“Emergency”，不用说话，警察就会知道你在什么地方。还有一种晚上负责接送学生的汽车叫“Yale Minibus”，把你送到你想去的地方。还有陪你走路服务（2 - Walk）。耶鲁大学维持着一支受过训练的安全官员队伍（Security Officers），陪你走路服务是这些安全官员提供的一个重要服务，一周七天，一天 24 小时，你都可以请求这项服务。由于纽黑文的治安不是特别好，给我们做报告的警察反复给我们讲,不要一个人晚上走路,耶鲁有这么多的服务,你们一定要去使用,要去享受。当你决定一个人晚上走路时,先想一下你的父母、爱人、子女。我在耶鲁读书的一年虽然没有使用过陪你走路服务,但是知道有这样一种服务存在,心里面是踏实的、温暖的。

也许不是法学院的本意,但是我个人感觉上,学前培训的另一个主要内容或者一个主要效果是一种自豪感的培训。无论是院长还是教授,或者我们研究生部的工作人员,在向我们介绍耶鲁法学院的时候,有意无意之间都会说一句:"Yale Law School is unique!"但是,对于绝大多数新生尤其是从来没有到过美国的学生来说,当时对"耶鲁法学院是独一无二的"这样一个相当于口号一样的说法恐怕是没有太深刻的理解的。对我来说,这个口号首先让我想到的是那座古代城堡。我去过很多法学院,可是没有一个像耶鲁的这座城堡一样让我心仪。对这句话的真正理解是在每天和她面对面的接触、观察以后才慢慢领悟。而在离开耶鲁法学院以后,开始更加深切地体会到身为耶鲁法学院一个成员的自豪和荣耀。

四、Kronman 院长鼓舞人心的开学演讲——你是谁?

至于院长 Kronman 教授在开学典礼上对 2001 级所有新生的演讲则更是精彩难忘。似乎是无意之间,与"耶鲁法学院是独一无二的"这样一个口号相呼应,从一开学,院长 Kronman 教授就鼓励耶鲁法学院的学生要胸怀天下,改变世界。"我们能够来到耶鲁法学院,我们就是与众不同的，我们必须，也必将成为与众不同的一个群体。”他说，“耶鲁法学院以鼓励教工及学生相信他们有能力改造世界并应担负起这一责任而出名。但当然我们是可以办到的。如果我们不行，谁行呢？”①

经过院长 Kronman 特别授权，我将他在开学典礼上的演讲附在这里：②

欢迎各位，我相信今天是你们中的许多人满怀激动与紧张翘首以待的一天。我首先必须承认，此时我与你们有着同样的感受。

经过录取工作的严格筛选，你们从数以千计的优秀人才中脱颖而出，最终来到了同一个地方。但是你们是谁？一群优秀的杰出的人，有着各种经历和观点，从这个国家甚至世界的各个角落来到耶鲁法学院，你们一起聚集在这儿——Levinson 报告厅，即将开始一段你们生命中最伟大的历程。但是你们究竟是谁？没人知道。因为没有一项数据调查、成绩统计或精良的表格能反映你们最令人印象深刻和最重要的事实：你们每个人都是完美的灵魂个体，无可取代。不久你们将向这所学院作出共同的贡献，你们将用你们的智慧和梦想构筑一个群体。这个群体将加入在你们之前的所有群体。

你们是谁呢？在耶鲁法学院中你们将成为怎样的个体和集体

---

① The same is true of the second distinctive feature of this place, which also lends itself to parody and jest: the Yale Law School's reputation for encouraging all its faculty and students to think they have the power to change the world and the duty to try. But of course we do. If we don't, who does?

② 感谢 Kronman 教授的特别授权。

呢?我们无从知晓。那些就连我们这些负责筛选录取你们的人都无法了解的东西是令人激动的,并有点使人胆怯。这是当一个人开始一段没有确定方向和目标的历程时的共同感受。而这就是我们今天即将踏上的历程,你和我,还有耶鲁法学院的所有教工。我们将走向哪儿,我们将如何利用耶鲁法学院提供给我们的丰富的资源——学术的、人文的、物质的和道德的资源,这些都等待着我们去探索或者说决定,因为最终,我们每个个体、我们这个群体,将取得怎样的成就,成为怎样的人,都在于我们自己。

那么让我们开始吧!让我们在今后的生活中,决心记住现在这种真诚的激动和胆怯,因为同样的真诚将伴随在明天,后天,甚至在我们习惯了这里的一切后。法学院依靠真诚和开明而生机勃勃。它有着一种历史悠久的传统,这就是对那些曾被人认为已经有定论的问题提出怀疑,并且从从未被人注意过的创造性的视角来看问题。因此,在这种单纯的可能性中我们找到自我的时刻,是描述耶鲁法学院精神的最好表达。若我们可以像今天这样能如同准备启程般去迎接未来的每段历程,我们定将为这一精神增光。

不管我们在政治和道德信仰上、在口味和性情上、在生活经历上有多么不同,至少现在有一点是共同的,那就是我们正在一起。我们集中在这样一个法学院中,一些人给予法学教育,另一些人接受法学教育。那么这所法学院究竟如何呢?我们把耶鲁法学院称为一所专业学院,把其传播的教育称为专业教育。对某些人而言,这代表了一种有局限性的经历。许多人很自然地认为,要成为一名专业人士,包括律师在内,缩小某人致力于的领域,减少泛泛的好奇心,专攻专业人士所需的专业知识,都是很有必要的。这是一种广为人知的理性的推断,但是对法学专业而言,它成立吗?

当然,没人会反驳法学和律师的专业性,律师懂得许多人不懂的事。他们用一种特殊的方式表达自己。他们几乎垄断被我们称为公正的制度——由复杂的规则和结构组成的体系。

我的一位同事 Jay Katz,把获得这一特殊知识和与之相随的权力的经历比作学习一门新语言。很明显这是对的。法学需要一定的专业词汇量,而想成为一名律师,你必须掌握,而且你会很快地掌握。到感恩节,你就会熟练运用这方面的术语,比如“事实自证”(*Res ipsa loquitur*)和“允诺不得反悔”原则(*Promissory Estoppel*),这将使你的家人和朋友惊喜。

Katz 教授还有一个观察更为确切。成为一名律师最容易的事就是掌握法学术语,而更加困难的是精通那些规则——决定哪些可以由法律规定,哪些不能由法律规定;如何将常用的道德准则转化为法律专用语。

用我们平常的公正和仁慈的观念,我们会认为原告应赢得官司,因为她很穷,但这不能作为法律的评判标准。法官不可能只写这样一句话来判决:“原告很穷而被告很富有,因此判原告赢。”当然,如果原告的贫穷的确与案件有关,比如被告如何利用原告的贫穷来迫使她做出违背其意愿的事,那么写一段长些、复杂些的判决书也是可能的。但这个判决书,假定它被写出来了,将会是一个对于日常道德生活规则重新定位的艰难过程的产物。并非所有的日常道德生活规则都能在这一过程中幸存下来,而幸存下来的又会在这一过程中改变。这是因为法律与道德并不等同,它们有各自的构造原则。法律偏重程序化的规则和对那些在日常道德生活中占有不同地位的先例的尊重。

当你开始亲历这种将道德语言转化为法律语言的艰难时,你或许会不由自主地认为它们有着比它们能够或应该有的更多的独立性。你或许会得出结论:道德是一回事,法律是另一回事。那将会使生活变得简单,但它是个可怕的谬论。法律权威以非常复杂的方式依靠着它与道德之间的联系,正如道德效应相应地以复杂的方式部分地体现在公共生活的官方规则中。两者相互依存,在这种相互的责任中,律师必须运用好法律和道德的转化技巧——这是始终有争议的、永不完善但不可或缺的法律和道德联系可以被保留的唯一方法。

对于你们日后的专业生活,你们将带着荣幸和诚信来进行这一富有挑战性的转化。这一工作没有任何规则,你们将永远无法完成这项任务,却可以在未来不断地熟悉精通它。与此同时,你们从工作中汲取的满足感也将增多。因为将道德生活中的评判重新转化为法律时所运用的方法很独特,你们将对法律语言产生一种感觉。你们也将清醒地认识到为什么法律不可以认同这些评判。这也是为什么法律职业实践如此复杂却又让人欣慰。人们在经历这种转化过程时的快乐与悲伤只有那些学习双语的人才可以体会。你们已经学会了道德这门语言,这是你们的共同母语。不久,你们也会精通法律语言,并把毕生的精力投入到这一专业中。双语的特殊的快乐与悲伤将属于你们自己。

法律所研究的主题与生活本身一样宽泛。人类生活中没有一个方面是与法律无关的,除非我们故意将其置于法外。有一些东西是法律不应该规范的,有一些问题是法律不应该处理的。但这些评判本身也是一种规则和决定。法律真正的研究主题是人性,和它所有的迷惑、悲剧和喜剧。这个主题,和法律从中汲取权威的日常道德生活一样宽泛。对于那些原始材料中最普遍的现象,根据法律制度中体现的公正公开以及合理的辩解的价值,律师融入了特别注意,并在无止境的转化过程中思索着。这一过程是一种困境,一个没有解答的难题。认为可以从中逃离的想法是一种错觉……一种对没有法律或只有法律的世界的错觉。但它也是律师这一专业特征的核心之一,它比拥有一种单纯的专业技能要复杂也要令人满意得多。

事实上,我愿意把律师这一职业看作一系列的困境。困境之一我上面已经提到了。另外三个困境对我来说是值得一提的。首先,认识到律师生活在一个永远割裂的忠诚中是很重要的。他们毕生寻找着一种可被接受的忠诚。一方面,律师对他的当事人要忠诚。这是一种神圣的义务,而随之而来的忠诚是严格的。你们的当事人要依靠你们。而为了他们的信赖和依靠,你们必须把他们的事情当作你自己的,不论你愿意与否。你们必须将他们的利益放在你们自己的利益之上,并竭尽全力维护它们。一位英国法官曾说过:“律师在这个世界上只有一个朋友,那就是他的当事人。”你们对于当事人的忠诚是完全的,而其带来的信任是一种神圣的职责。

但作为律师,你们还有第二项神圣的职责,和第一项同样完整全面。有时这两项职责会一致,但不总是一致。有时即使这两项职责没有冲突,以同样的方式来履行第二项职责却无法满足其职责要求,我指的是律师对于法律制度和司法公正的伟大理想本身的责任。

每当你们代表当事人谈判合同,或在法庭上为当事人辩护,或提起诉讼要求纠正一桩历史遗留错案的时候,你们就在寻求实现公正的理想。也许有人会说,这就是一个律师——一个在呼吁公正的特殊领域中训练有素的专业人士应该做的,而且这也是你们的当事人期待你们做的。

但是如果你没有认真对待正义的价值,你就不是在有良知地说:“我的当事人的要求正是正义要求我们加以尊重的。”除非你做好准备,准备靠自身的力量维护和加强正义的权威,不仅仅是不以当事人的名义做违法的事,更重要的是,毕生致力于完善法制并使被玷污的公正得到恢复。你们每个人都会找到适合自己的方式,当然,你们不会都赞同法律所需完善的是哪个部分,或者哪种不公正需要更正。但你们中的每个人从今天开始都将是公众利益律师,最重要的是对律师所宣誓尊重的司法公正保持敏感和警觉。与此同时,你们还必须信守对当事人的承诺,而这些常常使你们处于一种不同的充满竞争的环境。我们没有处理因为这些不同的忠诚而产生的冲突的具体法则。

你可能会想象,你能通过全身心地服务于你的当事人的利益来实现正义,这种实现正义的前提是,其他律师也都在和你一样做同样的事,通过一种看不见的关联,他们和你的努力将产生一种公正的体系，没有人需要直接来考虑正义的问题。这是一种令人安慰的错觉。我们有时把这种错觉称为“敌对体系”，它的前提是，律师与烤面包师一样，如亚当·斯密所说，只关心自己生意利润的增加从而增加其所在社区的财富。但是，律师是不同的，他们有关注他们社区的道德财富的义务，他们不可以依靠亚当·斯密的“看不见的手”为他们实现这些。在他们的专业生涯中，律师必须时时刻刻、有意识地关注法律的总体利益，关注赋予法律尊严和我们的社会健康的道德的公正的理想。与此同时，他们还需关注他们的当事人的特殊利益与需求。但说总比做容易。这些承诺间的冲突是棘手的，不可以将错觉简单化，似乎冲突并不存在。这些错觉是假的。它们所描述的律师的状况不那么令人满意，因为你们将面对的困难实际上更具挑战性，而从这些困难中你们将知道如何评定自己的专业水准。

第二个困境与法律和过去之间的矛盾关系有关。在法学中，过去所占有的地位是在别的领域都不可能有的。例如，在医学界、工程界或其他实践领域，没有其他原因而一直沿用过去的方式做某种事情会被认为是可笑的。但在法律界，我们不仅允许这种论据的使用，更把它放在一个很重要的位置。在法律中，没有比在过去案例中寻找权威论据更合理、更熟悉的手段了。你们的法律教育将使你们养成尊重过去的先例的习惯。在这一过程中，你们将对过去很依从，甚至可以说尊敬。但这些在外行人看来也许是奇怪的，甚至是危险的。

但你们对过去的依从并没有最终解决问题。当律师引用过去的案例来解决现时的问题时,这总会引发争议。比如过去的判决是否仍然正确,它是否仍保有它的效力,它现在是否被认为合理。要回答这些问题,我们必须思考——我们是否仍相信、推崇过去那些案例引用的公正概念,也就是说必须将过去以道德标准重新审视,从中我们可以发现过去案例中的不足和偏见。我们还需将过去以理想标准审视,而这些理想始终有效且迫使我们承认过去的一些不公正,并尽力去纠正。律师比任何人都更能体会过去的重要性,更会珍惜和尊重过去的先例并依从它的权威。律师比任何人更了解应把过去放在道德的灯光下并应创造一个不受制于过去的未来。怎样使这些平衡——过去的权威与公正的理想化概念的对抗,而公正的得以实现必须要求我们从超出历史和时间的角度看待问题。这是另一个你们永远无法以终极和公式化的方法回答的问题。你们将毕生探求这个问题的答案,并深刻理解它们之间冲突的棘手,以及这一冲突对于一种经久不衰且公正的文明所具有的重大意义。

第三个与律师这一职业有关的困境将影响到你们每个人的生活。"角色"这个词表明了有某种限制意味的关联,一种你们可以在不同的时间和地点跨进跨出的位置。当然,作为一名律师,就是扮演这样的角色。你们将成为律师,但同时已经是子女,而许多将成为父母。你们是跑步者,游泳健将,桥牌手,小说读者——一些甚至是小说作者。你们是歌剧、乡村音乐和棒球的爱好者,你们是伴侣和朋友,当然,你们还都是这个或那个国家的公民。每一个描述都定义了一种角色,而律师只是你们拥有的许多角色中的一个。你们将成为律师,但还有更多的,你们将去思索、考虑如何使专业生涯融入你整个的生活之中。

这是件很难的事,如我所提及的其他事一样。它没有一种显而易见的解决办法,或者说根本没有解决办法。说它很棘手,在很大程度上是因为律师这一角色有扩展的趋势,而这将导致这一角色在日后的生活中占据更多的时间和精力。这种现象的产生是由于当事人和案件的需求,这种需求极易扩展,而且律师仍有义务尊重这种要求。另外,由于律师专业的进步常需要长时间的付出,这就导致不得不牺牲其他利益和爱好。但最重要的原因是,要成为一名好的律师,必须先成为一个好的人——要能明辨是非,有同情心和奉献精神,要耐心,讲究合理性以及人性之爱,尽管它也有瑕疵——这样一来,专业和非专业人士的界限就会淡化,职业身份的区别就更难说明。

但这并不是件坏事,事实上,它也是你们为何来到这里的原因。你们来到这里,是因为你们在寻找能让自己有成就感的工作,而工作越多就越觉得有成就感。你们不想虚度年华,你们不愿意看着墙上的时钟,计算着还有多少分钟可以结束一天的工作。你们希望忘记时间的存在,不去管每个工作日何时该开始或结束,只希望全身心投入工作中。法律提供了所有这些:一种世界上最令人有成就感的职业,一项融合了所有力量和智慧并向人们提出最多的关于人们自身问题的工作。这就是为什么律师的角色可以扩展得如此之快,为什么从事律师这一行业的人不会为它的扩展而懊悔。其实这恰恰是他们所期望发生的。

但法律并不是生活的全部,作为一名律师也不是。生活中还有友谊与爱情,诗歌与篮球,孩子们的吵闹声,刚烘好的比萨饼和10月美丽的新英格兰。这些都是法律以外你想花时间来做的。确实,为了你们的快乐和健康,这是你们作为人和作为律师所必须做的。但这很难找到平衡点,或许三十年后你们仍在寻找。我想我就是这样。或许事情没有这么糟,因为我们毕生都在为这些事努力,我们已经尽力诠释了生命的多种含义,这对律师来说并不比任何其他人难或简单。找到最好的平衡点从而使自己脱离困境将会削弱我们的雄心壮志,这一点我们未曾准备接受。降低目标并不可耻,希望自己的事业和生命本身一样宽泛也不可耻。或许它要比我们所拥有的多。如果有机会可以选择,有多少人真正愿意放弃生活中的一些东西来解决雄心勃勃的职业理想所带来的困境呢?

我一直在说法律职业和律师所面临的某些困境。但你们不仅仅是在进入法律界,更是进入了耶鲁法学院这样一个有着特殊的风格、独特的文化和历史的学府。我相信你们对此已有所了解。和所有其他极其有个性的事物一样,耶鲁法学院也被体现在了漫画中,而且这个漫画形象还包含了真实的因素。耶鲁法学院的卡通形象特别强调两点:这座学院从微妙的哲学角度,或者精致的社会科学的角度学习法律,学生在耶鲁法学院是学习法哲学、法律经济学、法律修辞学,而且是在一种激发人思考的、充满人文思想的环境中学习,这里培养出来的学生非常不幸,远离现实生活和美国的律师资格考试。

这是耶鲁法学院卡通漫画形象的第一个因素。第二个因素,你也许也会承认,就是耶鲁法学院是各类改革者、活动家的温床,不仅有法律界的,还有决心改造世界的理想主义者。他们中大多数都相信自己可以成为美国总统,有一些准备在参议员中占有一席。耶鲁法学院的这一形象出现在1939年芝加哥论坛的封面。在19世纪30年代,耶鲁法学院被认为培养了有着危险的社会主义性格的改革者而出名。卡通中展示了一栋楼,门上刻着“耶鲁法学院”的字样,背景里,一位身着学士服的教授正在学校上空升着苏联的旗子。

现在,你们或许希望我反驳耶鲁法学院的这一卡通形象,这很容易,我可以说我们的学生在律师资格考试中比其他同类学校的学生考得好。我也可以说,65%的毕业生后来成为律师事务所的律师。我可以列举出一长串杰出的、曾在这里学习过的、保守的律师和法官名单,从而纠正这种政治不平衡的印象。但这并不是诚实的反应,因为我相信耶鲁法学院卡通版本所反映的东西。我相信他们的价值,我相信这所学院的人文主义精神并没有削弱商法。我相信这所学院在过去的80年里全力倡导的社会良知的传统应该被激进派、自由派、保守派尊重和拥护。这是我们耶鲁法学院道德和学术威望的真正来源。我相信在那些曾笑话我们的人的内心深处也是相信这些的,不管他们是否承认。

首先,让我们来看一下耶鲁法学院独特的人文主义和学术精神。观点和辩论是律师的工具。医生用针和刀,建筑师用图形和笔,律师则利用语言和思想达到特殊的目的——使权力的行使合理化。“合理化”这里不是指覆盖或掩饰,而是使其进入合理的领域,这是每个司法判决都想达到的。一个司法决定——如判决某人要坐牢，要被罚款或要为伤害他人而做出补偿——要试图通过论证来说明为何这一权力的行使是合法的。并非所有此类辩论都可成功，很多是失败的。不久，你们会成为失败的辩论的行家。但最终，司法中最重要的并非成败而是促进它的理想——这一理想将野蛮的力量转化成思想。因为这不仅是司法判决的理想，也是所有其他法律行为的理想。也许有人会说辩论论证是律师的主要职业和艺术，它更是一种以真诚乐于接受挑战和辩论的精神为标志的事业心。“这是我的观点，我不会考虑你对它的批评。”这么说就是在抛弃理性本身，而倾向于一种沉默的权力。

在耶鲁法学院的好几处入口，你都可以看到霍姆斯的著名论述：“法律的生命不是逻辑而是经验。”他是对的。但他如果说：“法律的生命就是思想的生命，而思想的生命没有极限。”同样是对的。理性精神就是不断批评和辩论的精神，就是不把任何事都认为是理所当然的精神，就是勇于挑战定论的精神。这种精神也是耶鲁法学院的学术精神。① 对一些人而言，这种文化看上去很过分，因为它允许许多人，甚至是第一年的法律学生，再次验证那些曾一直被认为是理所当然的理论和判决。但这种过分正是“理性”所需的，而“理性”正是法律使世界合理化所需的。所以耶鲁法学院的学术精神不是代表了它的愚昧或自满，而是一种忠诚，先是对“理性”理论和辩

① The spirit of reason is the spirit of limitless criticism and debate, the spirit that takes nothing for granted and is prepared to question every assumption on which every conclusion is based, and that is the spirit that defines the intellectual culture of the Yale Law School.

论的忠诚,其次是对法律,一种深深的我们应引以为荣的忠诚。

耶鲁法学院的第二个特点也是如此,它曾被笑话:耶鲁法学院以鼓励教工及学生相信他们有能力和权力改造世界并应担负起这一责任而出名。但当然我们是可以办到的。如果我们不行,谁行呢?法律是我们所拥有的最有力的实现改变的武器。它的作用不是建立一个完美的逻辑体系,而是实际地影响和改善世界,把世界变成一个人们生活得更好的地方。那些求助于法律但没有看到法律的这一目的的人,那些否认法律是为理想主义者和梦想家而创立的人,无法明白法律是为了什么,无法尊重法律最深层的需求。他们无法达到法律所期望的。他们无法理解或感受到法律所赋予他们的紧迫的使命。他们无法利用这已放入他们手中的工具。

但是,在耶鲁法学院,所有的传统和勇气的积累,聚集在一起说出一个声音:"拿起工具并使用它,让它变成一种力量。相信你们有能力去把梦想中的更加美好的世界变为现实。"这些话对于那些自认为知道梦想和现实的区别的人来说是多么荒谬啊。但它们并不可笑,并不荒谬。事实上,它们是对法律忠诚的更深层的表达,我们通过在现实中对更完善的法律和世界的极度热情来给它以荣誉。这正如我们通过对"理性"无限尊崇来给它以荣誉。这些是耶鲁法学院的过分之处,有些人会觉得这会使我们远离冷静的法律,但我却认为它们让我们对法律最真的精神更加坚定和忠诚。

我还想再说一下耶鲁法学院的另一个特色。或许描述它的最简单的方法是承认我们是一个团体,不是一些单纯追求自身理想的个体的集合,就像一车的乘客那样。这些对你们而言或许是不鲜明的观点，“我们当然是一个团体”。你们会说，“没有人会想到别的”。但我必须承认，每年，我对这一团体的惊异和欣赏都会加深。毕竟我们是一群思想上独立的人——很难找到一个比它更喜欢辩论的群体。一个持怀疑态度的观察者也许会问我：“你们怎么可能成为一个团体，如果你们所做的一切仅仅是辩论。”但我们的确是一个团体，其原因与我们争论的方式有很大关系，与耶鲁法学院的自由表达精神有很大关系。

我们在这里讨论现今争议最大的问题——与人们的个人生活最密切相关的问题或者政治问题。这些问题很自然地引起了热情激烈的争论。有时，当讨论接近危险领域时，一些言论即被禁止和处理。人们认为一种行为必须靠另一种行为来反对。但无论这种压制有多么强大，无论这些支持的言论有多正确，耶鲁法学院的传统告诉我们要抵制这种压制，去继续讨论，去保持我们社区言论的开放与自由，尤其是当我们接近最特殊的问题时——流产问题，种族和性别的问题，平等与自由的问题，法律与宗教的复杂关系，性和爱情的问题。

法学院的传统教我们去抵制，因为这是一个致力于思考和研究的学术机构。但还有另一个原因，那就是这是一所法学院，律师有责任讨论与倾听，思考和辩论。言论自由是学术的理想，但它们对于律师而言，是一个特别重要的理想，耶鲁法学院的传统使言论充满自信，使辩论成为信仰的核心。

这不是一个易于追求的信仰，它对信奉者有严格的要求。一个人不仅仅要忍耐，还要有宽大的胸襟，做一个能从对方角度考虑问题的好的倾听者。当别人对一个问题持不同观点时,宽容已经是不容易做到了。但对我们认为观点错误的人表现出同情就更难了——不是支持意义上的同情,而是严谨地、深思熟虑地、友善地找出对手错误所在。在一个社区或者团体而不是以和平的名义聚集在一起容忍他人愚蠢观点的一群人,宽容是至关重要的,同情心也是,它要求得更多更高。一个真正的社区或者团体,一个庞大的爱好争论的家庭,成员们按其不同的个人志向和政治信仰分类,但因为友谊和对社会共同的关心而融合。

单单的宽容无法产生这种友谊的精神,宽容是不做干涉的美德。它要求我们不再希望剥夺那些我们认为观点错误的人的言论自由。但宽容不要求我们去考虑对手的意见,或者努力从对手的角度想问题。如果要一个宽容的人选择,他会愿意待在他自己的信仰圈里而不会让它们接受挑战。做到宽容与自满、谦恭、轻视他人和知识孤立是并存的,这就是为什么宽容所允许的自由看上去会空洞而且不完整。耶鲁法学院的传统则产生一个更丰富的、更令人满意的自由,一个有真正参与的自由,一种非常有意义的思想和精神的碰撞。在这一碰撞中,我们深信的信仰总是很有风险的,因此大多数人选择回避它。如果我们这个小的社区——今天你们加入的——已经找到一种方法维系这种碰撞,使之成为一个有争论,也有友谊和信任的真正的社区,那是因为耶鲁法学院的同情和宽容的传统。耶鲁法学院鼓励我们坦白地、直接地说出自己的想法,坚定我们的信仰,不论它看上去多么奇怪或者多么不受欢迎,还要勇于接受他人批评。但它使一种慷慨和友谊的文化繁荣,没有它,真正的言论自由、真正的社区梦想将不复存在。

允许我再谈我最后一个观点。这与法律的有限性有关。法律的权力是广泛的,它可以改变人的生活,可以使人变得贫穷或富裕,可以给人自由也可以剥夺人的自由,甚至可以决定人的生死。你们中那些第一次接触法律的人对它的权力留下很深的印象,这是好事,因为它将鼓励你们负责地使用它们。但法律力量的看似无边性也是危险的,对于律师尤其是。这是一个错觉。人类的心灵和思想中有许多是法律无法达到的。法律不能使智慧合法化,使爱情被管理。你将在法律之外找到这些。在法律的帮助下,你们可以为它们做很多。你们可以帮助他们也可以伤害他们。但你们不能把他们变得聪明或者可爱。因此,除法律外,其他的权力也是需要的。

这是一个卑谦的想法,它提倡一种适度的期望与途径。对律师而言,这本身,我相信,就是一种职业道德。你将会深入地接触到其他人的生活,在你做这些时,记住法律的局限性和思想的无限性,记住你们所代表的和反对的人性。

你们已经来到一个伟大的学府,在世界上最强大的国家学习一门最有力量的专业。你们的前景是令人激动的。你们所追寻的权力也将是你们自己的。我知道你们会以一种良知和对大众的责任心更好地利用它们。我知道你们将在尊重权力有限性的前提下使用这些权力。我知道你们将是最好的,将是耶鲁法学院一直希望培养出的人才。

在 Kronman 院长充满激情和鼓舞人心的演讲后,学前培训和开学典礼都结束了。每一个耶鲁法学院的学子都带着他们各自的梦想,在 Kronman 院长和耶鲁法学院那一群杰出的学术大师们的引领下,一起开始了一段真正绚丽的人生历程。

五、汪洋大海任飘摇——痛苦的"课程购买"

申请耶鲁法学院的时候,按照规定要选出你将来如果被录取后想选修的课程。我把近 80 门课程反复看了一个星期,好不容易选出了 8 门。

到耶鲁之前,我和耶鲁法学院中国法律中心的 Gewirtz 教授联系,就选课征询他的意见。Gewirtz 教授给我回信说,不用着急做决定,耶鲁法学院刚开学的第一周有一段很特殊的"课程购买"(shopping)阶段,可以先去听课再决定是否要"购买"(其实是选修)这个课程。当时只是觉得好奇,不知道这个买卖究竟是怎么进行,一个月以后就深深领略了这一痛苦的"课程购买",根本就是把你扔进一片课程的汪洋大海任你飘摇挣扎。

因为单纯的课程就有 80 门,然后还有各种讲座、诊所教育(Clinic),所以第一个星期我就像个听课的机器人。每个人大概都和我一样的贪心,在第一个星期的课程买卖周里面,总是希望试听尽可能多的课程,了解那些教授的讲课风格和具体内容。每一个教授事先都已经将第一次或者第一周的讲课资料向法学院的学生公开发放,所以我们就到处去收集这些课程信息回来研究。每天从早到晚,只要法学院有课,总是把自己的时间排到最满,恨不能有两双眼睛和耳朵,可以分身。有时一个教授的课程只试听 10 分钟或者

20 分钟，就赶紧去赶另一个课程。一个星期里面身体和精神都是疲惫之极。因为要尽快把课程定下来，要不然跟不上速度，对我们这些外国学生来说，就更加是负担了。

在买卖过程中，渐渐发现“课程购买”的痛苦是多重的。首先是买卖周的疯狂试听，一般一个学期能够对付的课程也只有三四门，可是课程买卖一周下来，想选的课程却至少有十门。因为时间冲突和精力有限，要把这些喜欢的课程放弃实在又是另外一件痛苦的事情。最后，“课程购买”制度给了学生太多的自主和自由，到了学期中期，有的人还在犹豫，因为你还有机会放弃已经选过的课程重新选别的课程。有个同学整个 9 月都在想选宪法还是比较法，一副迷茫。

在和我的导师 Gewirtz 教授商量以后，我决定第一个学期不要选太多的课程，所以只选了侵权法、隐私法和合同法作为我的主课，另外还选了中国法律改革等研讨课。有空的时候我就找一些自己感兴趣的课程去旁听，像电信法、环境法、宪法，等等。

按理说有了第一个学期选课程的痛苦经验，第二个学期应该容易得多。可是事实却并非如此。人的贪心是没有止境的。2002 年 1 月底 2 月初再次选课的时候，又到了最烦恼的时候。我们还是再次经历同样痛苦的课程买卖。面临上次一样的问题，不知道选哪一个，患得患失，头痛无比。我最后选了公司法、版权法、医学法再加两个讲座。

中国法学院的本科生必修课程基本上是固定的，一年级研究生课程也是学校固定的，学生没有太多的选择和自由，不需要经历我在耶鲁所经历的种种选课的焦虑和痛苦。可是后来我意识到这也是耶鲁法学院培养人才的一个独到之处。从一踏进学校,你就在一个自由、自主的环境中被有意无意地熏陶着,你需要自己来管理自己,自己来决定你要学什么,自己来决定你要把自己培养成什么样的专业人才,自己来决定你如何在耶鲁的学术海洋中泛舟航行。

02

第二章

晴天霹雳

Chapter 2. A Terrible Attack on Human Civilization

我们2001届研究生是幸运的，又是不幸的。幸运的是我们在耶鲁300周年来到这座伟大的学府。不幸的是开学刚一周，我们还没有来得及选定我们的课程，“9·11”事件就像晴天霹雳，打乱了耶鲁的正常生活，打乱了所有美国人民的正常生活。

本章的内容大部分是我在“9·11”事件发生后所记的日记，为了让大家了解当时在耶鲁大学发生的一切真实情况，我仍然保持日记的格式，只是做了一些编辑。从这些原始资料，你也可以感受到耶鲁大学的师生在大灾难面前的恐惧、震惊、伤痛和互相的关心、抚慰和扶持。

一、"9·11"——全世界的悲剧

2001 年 9 月 11 日,**黑色星期二**——一个全世界都无法忘记的日子。

今天早晨上侵权法。约 9 点半时,有人敲门,请 Calabresi 教授出去一下。2 分钟后教授走进教室,面色严肃地说:"纽约世界贸易中心发生爆炸,有朋友和家人在纽约工作的可以去问一下情况。今天不上课了。"

我和芭芭拉立即回到宿舍,打开电视。电视上正在实况播放世界贸易中心被飞机撞击后燃烧、倒塌的情形。飞机就像是一把尖刀直插世界贸易中心的心脏。我们静静地坐在沙发上,目睹世界贸易中心熊熊的烈火,滚滚的浓烟,眼睁睁地看着两座摩天大楼就这样消失了,心里的震动无法描述。

整个美国陷入一片惊慌之中。电子信箱里是来自各个部门的安慰信,学校里很多课程、茶会都取消了,我们的课程买卖和注册延期到星期四。Kronman 院长在教师会议室发表讲话表示震惊和悲痛。下午 4 点,Kronman 院长和法学院的部分师生在一楼餐厅座谈,安慰大家。

晚上 8 点,数千名耶鲁学生、教师和工作人员在校园里为今天上午在纽约世界贸易中心和华盛顿的受难者举行烛光哀悼会。耶鲁的校园里是一片悲伤的海洋。耶鲁大学校长 Richard C. Levin 先生对全校师生讲话。校长的讲话题为"A Community of Concern"。

悲伤的海洋

耶鲁师生在校园举行的烛光哀悼会。耶鲁的校园里是一片悲伤的海洋。

（感谢耶鲁大学国际事务办公室提供的照片）

校长在讲话的最后说:“我想请求你们考虑如何才能帮助这场灾难的受害者。现在纽约正缺少血液,我恳请你们捐献血液。让我们利用这个机会来互相关心,来为那些悲痛和担忧的心灵祈祷,为正义和整个地球的和平祈祷。”

晚上8点30分美国总统布什发表了3分钟的电视讲话,安慰和鼓励美国人民,表示要惩罚凶手,他以“上帝保佑美国”结束了演讲。

这个国家处在极度的悲哀和震惊之中。这是人类历史上一个黑色的日子。

9月12日,星期三

上午8点50分,我们的侵权法课程照常进行,不过题目变成了“9·11”事件。教授谈的是昨天的悲剧,是对这场灾难的感受。他说他哭了很久。

Aida则一天一直心神不定,因为电话怎么也打不出去,担心欧洲的亲人着急。

9月13日,星期四

上午10点去上电信法课。Benkler教授在组织学生讨论对这场突如其来的灾难的感受,讨论在“9·11”那种危急情况下哪些通讯手段能够发挥作用。大家一致的反映是电话通讯完全中断,无法和纽约联系,整个纽约的电话系统像是停止了。我试了好几次给几个在华尔街上班的律师朋友打电话都无法接通。不过,全班同学里我还算是最幸运的一个,我在爆炸两个小时以后就通过免费网络电话和南京的家人通上了电话。看来,当时只有因特网没有中断。

9 月 14 日，星期五

因为9 月是刚开学，本来就有吃不完的免费饭，开不完的宴会，加上 11 日的爆炸，这个星期所有人都心神不定。上课也不正常。无论走到哪里都可以看到成群的学生在一起吃饭聊天。今天法学院下半旗悼念死者。耶鲁校园里，各种安慰纪念活动、讨论美国前途和对策的会议、献血和捐款捐物活动在有组织地进行着。下午 5 点，法学院 Kronman 院长和学生在餐厅聚会，安慰学生。

整个晚上，我和所有美国人一样，辗转反侧，无法入睡。

什么样的力量和信念，什么样的仇恨使这些恐怖分子可以不顾一切、牺牲自己和成百上千无辜的生命来报复这个国家？

9 月 15 日，星期六

下午 2 点，法学院华尔（Wall）街边上的广场上，耶鲁学院（Yale College）组织怀念音乐会。乐队穿着正式的服装，极其庄重，主持人的结束语是“Let’s stay together as a community”。“Community”是美国人喜欢用的一个词。“9・11”灾难后，这个词成了一个象征，团结的象征，力量的象征，希望所在。他们唱“Amazing Grace”，歌声如此优美、哀怨，又有一种辽远的宁静。音乐纯净人类的心灵，抚慰人类的伤痛，音乐和基督精神现在似乎是这个国家的灵魂。乐队又奏起一首曲子，充满了愤怒、疑问、困惑，激越的音乐好像是在“问苍天为何弄众生”。我虽然不是美国人，可我心里的痛却是一样的真切。创造一个文明需要多少时间！而毁坏一个文明仅仅需要 10 分钟！

音乐会结束后，耶鲁大学教堂的牧师 Jerry Streets 带我去看了教堂,告诉我明天晚上会有专门的讨论会,将有一些法学教授和历史学教授参加。然后我去约克(York)街的研究生俱乐部,那里正在接受捐助,晚上8点到次日凌晨2点也有一个纪念集会。

从13号开始研究生餐厅向耶鲁大学所有学生提供免费饭,其他地方也有很多免费饭。晚上我请中国研究生同学到研究生餐厅来吃饭。我们问餐厅经理:"为什么我们研究生餐厅这一周突然开始向所有耶鲁人免费开放?"他说,这是为了抵抗恐怖主义(against terrorism)。大家不禁讶然,对付恐怖主义居然是天天吃免费饭。

9月19日,星期三

中午到研究生餐厅吃饭,发现管理员的桌上放着一个硕大的花篮,开放得艳丽如血的鲜花默默地哀悼着"9·11"无辜的死难者。花篮上面有一张卡片,仔细一读,原来是上个星期到餐厅来吃饭的耶鲁师生和家属代表写的一封感谢信,感谢餐厅提供了一个大难后人们可以互相安慰和互相支持的地方,字字恳切,句句肺腑,读罢感慨万千。这才发现,上个星期免费开放我们的餐厅竟然真的是一种团结一致、有效地抵抗恐怖主义的方法之一。

10月3日,星期三

今天我们法学院每个学生的信箱里面都收到一封同样的信——美国人权律师委员会的信,讨论美国当前对策与人权保护。这反映出美国的举步维艰,既要保护本土安全,又要维护人权,还要兼顾保护世界各国受政治迫害的人。什么样的安全防范措施才是两全其美的?事实上没有。信箱里面堆满了各种讨论美国未来前途和当今对策的信,讨论议会的法案是否可行,是否侵犯非美国公民的人权。

10月7日,星期天

今天美国向阿富汗正式开战。我们的信箱里堆满了和战争有关的信息,多少有一些骚动和紧张。为了防止恐怖主义在美国本土的报复和袭击,美国在采取一切可能的防范手段。耶鲁大学副校长给所有学生写信,要求大家收到可疑信件立即通知警察;同时因为担心生物武器和细菌,又要求大家不要打开没有回信地址和来源不明的信件。

丈夫不断通过电子邮件给我发来安慰信,鼓励我在耶鲁安心学习。

我那年迈的母亲,抱着我的越洋电话不肯放下,要我回家。

10月19日,星期五

信箱里面又有各种信件告诉你如何防范各种细菌和病毒。校长Levin告知全校,他上一个星期已经组建了一个特别的工作小组来检查校园邮件。

11月12日,星期一

不幸的纽约!不幸的美国!上午9点,又有一架飞机在纽约昆士坠毁,那个地方住了很多警察和消防队员家属,“9·11”事件已经有很多人死亡,这真是双重的打击。纽约人还要承受多少打击和灾难?

我的德国同学一个上午没头苍蝇似的,她有一个同学应该12点到达纽约肯尼迪机场,可是机场不让飞机降落,到了下午2点还不知道飞机在哪里。我们的副院长亲自替她打开办公室,告诉她随便什么时候，都可以进办公室来打长途电话。

12 月 18 日，星期二

12 月 15 日早晨 6 点，一年级的中国学生霁光开车送我去肯尼迪机场。到了机场，冷清清的，穿迷彩服、背着长枪的美国军警在机场巡逻，平添了几分庄严和肃穆，没有平时的轻松气氛。这是美国民主和自由的代价。我等了近两个小时才把行李托运办好。进候机大厅前，工作人员要求每一个乘客抬起双手，在乘客身上从头到脚进行检测。在肯尼迪机场起飞降落已经很多次，这是第一次遇到这样严格的检查。在我前面是一个日本乘客，工作人员让他把皮带解下来，皮鞋脱下来，他直叫荒唐。上了飞机，服务也感觉不如以前，下午 2 点才让我们吃了一次午饭。6 点，空姐送来了面包和冰激凌，典型的美国食物。后来无人再给我们端茶送水，直到到达东京前给我们送来下飞机前的最后一顿饭。小姐没有什么微笑，与 8 月份来美国时日本航空公司的小姐无法相比。这是第一次在飞机上感到饥饿。

经过 20 多个小时的旅途，我终于在中国时间 2001 年 12 月 16 日星期天晚上 9 点在上海浦东机场见到了分别 4 个月的丈夫和女儿，女儿冬冬已经长高许多。不过是几个月的分别，由于“9·11”的原因，好像是和家人分别了一年那么久。

二、伤痛的心灵呼唤和平

2002 年 6 月 19 日

耶鲁的一年就这样在喜剧和悲剧的交替演出中结束了。6 月 5

日,我在纽约的中国城订好了19日回国的机票。

下午5点,我到达肯尼迪机场。已经没有去年圣诞期间荷枪实弹的军警,但是不信任感仍然弥漫机场的候机大厅。安全检查人员没有笑容,拿着检测仪器在我身上上下左右一遍一遍地量来量去。我知道言语没有任何的作用,所以安静地站在那里接受身体检查。

过了身体检查这一关,我的随身行李又有问题了。仪器显然是发现了什么。他们要仔细检查我随身携带的小包。我实在想不出带了什么危险的东西。安全检查人员神情严肃地打开我的小化装包,小心翼翼地把里面的东西一样一样地拿出来,反复查看。查到了一把金属的锁,一把指甲刀。其余的全是磁带。我说:"请你们没收这个指甲刀和金属锁吧,我不要了。但是请你们一定把磁带还给我!"这是我在耶鲁花了一个月采访的录音带。里面有耶鲁法学院几位院长和耶鲁校长的采访录音。但是我知道我们那位英俊迷人的院长此刻也救不了我,虽然他的声音在耶鲁法学院人人都能分辨,可是我想机场安全检查人员未必知道他的大名。早知道应该到纽约去采访克林顿总统,美国人对于他的声音大概总还是可以识别的吧。安全检查人员不理会我的要求,他们把这些东西放在一边,又把我的小包放到仪器上反复检查,还是显示有异物。安全检查人员反复地看我,眼睛里面满是疑惑。我想,随便你看吧,我虽不是一个美人儿,也不至于就像恐怖分子。最后还是我自己一下子想起来在化装包的夹层里面有一把金属的耳掏,我常常用它来拧紧我眼镜上容易松动的螺丝。一定是这个小东西!

我在心里呐喊,恐怖主义者再也不要来炸纽约了,“9·11”的阴影快一点消失吧。“9·11”已经是一个无法挽回的大灾难,人类如果失去了安全感和信任感则是另外一种更加可悲的灾难。美国是一个服务至上的国家,即使联邦政府提供的也是一种服务,是一种公共服务(Public Service)。既然是服务,当然是要微笑的,机场当然也一样。可是“9·11”事件就使这样的微笑少了许多。我完全理解。千千万万颗伤痛的心需要时间来治疗!

世界贸易大厦可以在一年内重新竖起来,现代科技如此发达,这不费力气。可是,“9·11”给美国人民造成的心理和精神创伤要什么时候才能康复呢?唐山大地震的伤痛,多少年以后中国人民还记忆犹新啊!

6月21日上午10点半,飞机降落在上海浦东国际机场。耶鲁之行到此结束了。耶鲁法学院的时光从此只在我梦中。大洋两岸都有我的情、我的爱,让中国和美国做永远的朋友,来携手共建地球这个美好的家园吧!

“9·11”事件一年以后——2002年12月21日写于香港

圣诞前夕,我出差到香港,住在Park Lane酒店。有天晚上无意打开电视,美国的一辆灰狗巴士上有一个凶手将司机喉咙割断,导致车毁人亡的重大事故。全国人民再度惊慌,不知道这是一般的个人犯罪还是恐怖主义。什么时候美国人民才能重新回到和平与快乐无忧的氛围?

今天在一间复印室复印的时候,无意间抬头一看,发现墙上贴的竟然是如何防止感染炭疽病、如何对待可疑邮件的说明和紧急救援方案。我静静地盯着这两个通知好半天,仿佛回到了2001年9月11日以后耶鲁的岁月,而这里却是远离美国的香港,现在是公元2002年12月21日！这一场灾难啊!

何时是尽头——2003年5月22日写于上海

我正在忙于编辑最新法律动态,丈夫打来电话说,恐怖分子袭击耶鲁,你们法学院有个大楼发生爆炸。我以为他是开玩笑,耶鲁在那么偏僻的一个小镇,谁会跑到那里去搞恐怖活动？再说,若是要炸耶鲁,去年“9·11”以后恐怖分子就可以动手,为什么会在将近两年以后来袭击耶鲁？可是联想到最近的海湾战争,伊拉克人民对美国的敌对和仇视,心里一紧,赶紧上网,发现网上已经是铺天盖地的头版新闻。

当我飞速浏览完新闻报道,看到法学院那熟悉的大楼,才确信耶鲁法学院的的确确是遭遇了爆炸。2001年秋天我们在耶鲁法学院读书时成天担心的事情终于在2003年发生了。

美丽的耶鲁,愿你永远平静如斯——2003年10月写于纽黑文

2003年10月22日,离开耶鲁一年零四个月,我回到我日夜思念的母校。第一件事情就是去法学院大楼看我们那间遭遇爆炸的教室。大楼管理处的工作人员耐心地带我看一间间的教室,向我解释受到爆炸影响的其实是120教室,这是我们当年上侵权法和版权法的教室。我们进去的时候发现还有工人在里面工作,修复被破坏的肖像,精湛的技术使得修复后的肖像和原来的几乎看不出差别。上合同法和公司法的127教室则没有受到爆炸的影响,所有珍贵的肖像都一如既往地在墙上以睿智的目光凝视着我。

告别法学院大楼,我漫步在这个安静、闲适的小镇,与喧哗繁杂的大都市相比,这真是一个世外桃源。约克(York)街上到处是咖啡飘香,学生们坐在宽大舒适的沙发上一边喝着咖啡,一边悠闲地读书,和我在耶鲁读书的时候没有什么两样。这个时候正遇到学校的秋季假期,路上行人稀少,秋枫正浓,金黄的树叶将耶鲁的秋天打造得美丽无比。走在安静的华尔(Wall)街上,看着我曾住过、有过多少快乐时光的研究生宿舍,心里是无比的宁静和祥和。美丽的耶鲁,愿你永远平静如斯!

结语

我在美国没有家,也从来没有想过要去申请美国绿卡或者移民。我从来就清楚地知道我的根在中国,我的家在中国。由于"非典"的爆发,我不得不取消我原定的4月和6月的耶鲁之行。等到6月底中国的"非典"疫情得到彻底控制后,好几个朋友来信问我什么时候再去耶鲁,我惊奇地发现,我的回信里面用的是回耶鲁(back to Yale),而不是去耶鲁。

美国不是十全十美的,美国有她自己的问题和矛盾。可是,美国在短短的几百年间就塑造了辉煌的历史,步入了经济上最发达的文明社会。我站在那片美丽的国土上用旁观者的眼光更加可以看到它的精华所在,缺陷所在。如果恐怖主义可以毁灭美国,就可以毁灭全人类,毁灭全世界的文明。我不是一个政治家,看不懂连绵不断的战争的意义,可是我从心底呼唤:让我们大家都来争取和平,减少战争,减少冤冤相报,消除恐怖主义。

03

第三章

嘉年华会

Chapter 3. A Wonderful Year at Yale

一、金秋十月庆华诞

2001年的金秋十月，是耶鲁历史上一个难忘的时刻。为了这个300周年的校庆，耶鲁早就开始了庆典筹备活动。虽然“9·11”灾难给整个美国和耶鲁造成了极大的阴影，但是300周年校庆大典仍然决定在10月5日举行。

根据历史资料记载，1701年的时候，耶鲁大学只有一个学生。200周年校庆时，外国学生仍然少于2%。耶鲁300周年的时候，外国学生比例却超过了14%，有108个国家的学生在耶鲁大学读书，所以10月5日下午耶鲁举行的大型庆典上，将由108个国家的学生团体每个派一个旗手。

耶鲁大学 Sterling 图书馆

耶鲁大学300周年校庆典礼和克林顿总统的闭幕演讲在Sterling图书馆门口的大草坪上举行。

因为耶鲁没有这么多的国旗,据说还从联合国借来了国旗。对于那108个旗手,扛着自己国家的国旗、受万人瞩目,想来是一个无比激动的时刻。

10月5日的这一周,整个耶鲁都沉浸在300周年校庆欢乐的海洋里。经过精心准备和安排,5日下午1点,耶鲁神学院、法学院、研究生院、管理学院和音乐学院的学生穿上耶鲁统一的蓝色礼服来到法学院边上的贝内克图书馆前(Beinecke Plaza)集中,由院长带队。2点来到Sterling图书馆门口的大草坪上开始正式庆典。这是300年中第一次用这个地方搞大型庆典。3点半庆典仪式结束。4点半大家开始陆续乘学校班车到耶鲁体育场(Yale Bowl)吃饭看演出。耶鲁体育场周围到处是帐篷,到处是饮料食物,路边到处是学生在演出自己编制的各种节目,人潮涌动,热闹无比。晚上7点在耶鲁体育场里面正式演出的节目则形式丰富、更加精彩。9点半放烟火,美丽的烟火照亮了纽黑文的夜空。这是耶鲁100年才有一次的嘉华年盛会啊。

二、克林顿总统的闭幕演讲

(此节摘自2001年10月6日星期六的日记)

今天早晨起来,发现突然降温,10点左右,狂风暴雨侵袭而来,窗外被风折断的树枝噼里啪啦地掉下来。我想,上午还有六个讲座,下午克林顿总统要进行校庆闭幕演讲,不知道会不会取消。我到法学院去查看信息,意外地发现所有讲座照常进行,恶劣的天气

两边大楼窗户上到处可以见到的耶鲁学生。

克林顿总统在耶鲁300周年校庆闭幕演讲后和学生亲切握手。

没有影响和改变任何计划。网上从耶鲁大学校长办公室发来的信息说,即使下雨,克林顿总统的露天演讲也照常进行,除非有特大雷暴雨和狂风。而法学院悠长神秘的走廊里,人来人往,各国学者代表在认真地讨论问题。大礼堂在演讲"9·11"以后全球经济面临的新挑战。我们上合同法的127教室里,Deborah Davis教授在谈中国问题。中午几个中国学生一起在泰国餐馆吃饭,下午1点20分吃完饭从餐厅出来,我们惊讶地发现,上午肆虐的风变得温和了,雨停了,天是出奇的蓝,阳光居然不可思议地洒落在绿树青草之间。克林顿总统的耶鲁300周年校庆闭幕演讲仍然在Sterling图书馆门口的大草坪上露天进行。我们并没有想到可以近距离地见到克林顿总统,因为美国刚刚遭受恐怖分子的袭击,各个方面的安全检查都加强了,所以我想大概演讲一结束就会有安全人员将他护送走。我到2点45分才入场,已经有几千人坐在我前面,我的视力很差,只是看到无数的人头。为了看得清楚一些,会场周围的学生宿舍里,很多学生趴在三楼和四楼的窗台上,我看了心惊胆颤,怕他们会从窗台上掉下来。

克林顿的演讲讲到纽约"9·11"悲剧,讲到美国人民现在面临的种种问题的时候,整个会场静悄悄的。我仰望天空,天是蔚蓝的,风是温和的,空气是如此的清新,四周的建筑是如此的精致,耶鲁这个人间天堂似乎和不幸、悲剧完全无关。

克林顿的整个演讲非常精彩。演讲结束后,黄头发、黑头发、白头发、红头发都站起来了,掌声经久不息,人群沸腾了,无数学生向前台涌去,我和另一个法学院学生穿过了几百张椅子后,勉强接近前台,可是什么也看不到,只能感受一片沸腾欢呼的人群。等再穿过无数人群来到前台,正好看到克林顿向大家挥手告别。一会儿我发现有很多人向法学院奔跑,我猜想克林顿总统是在走向通往法学院的那条小路上。来到法学院对面的街道,克林顿果然在和人们握手。我想这位耶鲁大学法学院73级的高才生一定是对法学院有着深厚的感情吧!

尽管在中国时,为了提高学生的英语听力,我在课堂上给学生一次又一次地播放过1996年美国总统竞选时克林顿的演讲录像,对克林顿的形象和语言非常熟悉,可是当这位世界闻名的总统满面笑容向我走过来和我握手的时候我突然发现我不知道和他讲什么。后来想起来我只和他说了两句话,我说我是法学院的研究生,他问我从哪里来,我说"中国",他说"Great"。在那种沸腾混乱的情形下其实任何人都没有办法再说更多的话。站在我面前的克林顿总统和我在电视上看到的形象没有太多的差别。我的身后无数双手伸过来握住这位前美国总统的手。一个美国女孩大声地叫道:"比尔,我寄给你的CD收到了吗?"克林顿总统竟然也是大声地叫喊回来:"嘿!收到了。"那样混乱又激动的场面,可是克林顿却是百般从容,脸上始终是热情、让人可以信赖的真诚的笑容。人们欢呼着、拥抱着。我的秘鲁同学站在我的身后,因为人群拥挤,没有来得及帮我拍下我们握手的照片,回宿舍的路上我一直不停地埋怨他。以后等照片洗出来,只有克林顿阳光般的笑脸和法学院学生们的手。

看到耶鲁学生对克林顿如此爱慕,便请教一些美国学生,为什么人们对于这位已经下台的总统如此爱戴。他们回答说,克林顿总统不仅仅是一位为美国经济发展作出了巨大贡献的总统，也是一个了不起的人。看来，尽管有莱温斯基的桃色丑闻，克林顿的魅力和亲和力不减当年。

三、惊奇晚会

2001 年 11 月 8 日，星期四

从 11 月 6 日晚上 6 点到现在我都处在极度激动之中。11 月 5 日，星期一晚上，埃及同学 Karim 给我写了一封紧急的信，说 6 日晚上法律写作课结束后要和我谈 20 分钟。我很纳闷，不知道这位一向聪明的埃及同学遇到了什么问题。11 月 6 日晚上 6 点上法律写作课，上课前，希腊同学 Eleni 让大家一起起立唱生日快乐歌，我们的教授笑眯眯地站在讲台上看着我，我完全傻了，因为我发现这首歌是为我唱的。下课后，Woo，一个文静的韩国律师跑过来送给我一根非常精美的韩国手链，是那种高贵的紫罗兰色。然后 Karim 就把我带到花园去聊天，天很冷，坐在冰凉的椅子上可以清晰地感到露水般的寒意，可是我的这位埃及同学还在和我不着边际地神聊。然后他说他和芭芭拉约好要到我们宿舍帮她搞电脑，请我把他带回我们宿舍。

8 点我带他回来，我打开门，发现有很多人在我们客厅，中间放了一个蛋糕，正觉得奇怪，大家全围上来拥抱我、亲吻我。我觉得既惊讶又感动又尴尬，在温暖的海洋里分不清方向。Karim 一个劲地向我炫耀："你看我比你聪明吧。"我对芭芭拉说："我没有准备任何吃的东西,这多尴尬!"她一把把我拉到冰箱前,打开冰箱,我发现里面是满满的食物和各种饮料,再环顾客厅四周,发现连窗台上也都是可乐、薯片,我才意识到她们已经精心准备了一切。在大家的歌声里我吹灭了蜡烛。Aida 早准备了一大把红玫瑰,Eleni 则将她从希腊带来的一根项链在大家的掌声中替我挂到了脖子上。美国同学 Robert 代表大家送了一件蓝色的耶鲁 T 恤给我。

我只好做了一个很短的即兴演讲。因为一切都是那么意外,我自己都不太记得当时的情景,我好像在说我刚来的时候我们的房间空的,只有我一个人,非常孤单,后来 Aida 来了,三天以后,芭芭拉也搬进来了,三个人开始了在耶鲁的集体生活。我不喜欢这里的饭菜,但是我喜欢我的同屋,所以我决定继续留在研究生宿舍。来耶鲁之前,我很犹豫要不要来耶鲁,因为来耶鲁我也失去很多,而且我会非常想念我的女儿。但是现在来了耶鲁,遇到这么多好同学,我觉得值得。非常感谢所有的同学。讲这些话,全都是当时的真实心情和想法,可是同学们却觉得是一个很好、很感人的致辞。我听到他们在鼓掌欢呼,笑成一团。有个同学问我,你在中国也常做这样的演讲吗? 我说这是第一次。

晚上 10 点半,同学们一定要叫我去酒吧喝酒,在那里,他们教我玩桌上足球(Foosball),一直到 12 点回来。凌晨,我在我的电脑上开始给我这些可爱的同学写感谢信。

很多同学都说我的信写得那么好,他们感动得都要流泪。而我,只是用我一颗感恩的心在回报我热情友好的同学们。开学以来,我从同学那里得到的帮助比我付出的多,更加惭愧的是,外国同学的姓名比我们中国人复杂得多,很长,有一些同学的姓总是记不住。有一次有人打电话进来找某女士,我一听就礼貌地说:“对不起,你打错了,没有这个人。”5分钟后,她又打进来。搞了半天,原来是找Aida。事实上,绝大多数同学我都只知其名,不知其姓。印度同学的姓有16个字母。拉丁美洲同学的名字则有好多个词,我也不知道究竟哪一个是姓。我的巴西同学全名叫Silva Pereira Neto Caio Mario;秘鲁同学全名叫Zegarra Mulanovich Gonzalo Alonso。不但是记不住外国同学的姓,更加麻烦的是也不会发音。同学们常常会善意地笑话我、模仿我。

后来几天,我发现同学们为准备这个惊奇晚会,其间还有不少故事。其实我应该早就有所觉察,只是我没有这样的想象力。5日晚上,芭芭拉把她房间那块美丽的小地毯放到了我们的卫生间,使我们的卫生间看起来漂亮一些。6日上午的侵权法上,我注意到我的两个阿根廷同学Marina和Ignacio夫妇没有来上课,觉得很奇怪,因为这对夫妇很好学,从来不缺课。后来才知道前天晚上他们为我做生日蛋糕一直到凌晨2点,把早晨的课给误了。原来,奥地利同学Ronald做事情特别认真,要求完美。因为少买了一种原料,他到处找邻居去要,满楼去敲门寻找,直到凌晨,终于借了那种原料回来做巧克力蛋糕。6日晚上去上课前,我的两个同屋在卫生间化妆打扮,芭芭拉穿上了美丽的红色格子的爱尔兰裙子。Aida是本来穿的裙子,后来换了裤子。我问她为什么不穿裙子了,她温柔地看着我,说:“你如果想要我穿裙子我就去换。”但是我竟然丝毫没有察觉。我细心的朋友们,就这样给我策划了一个完美的惊奇晚会。

四、红色的哈佛,蓝色的耶鲁①

2001年8月12日,我再次飞越重洋,来到纽约。在肯尼迪机场接我的是我的美国朋友 Mary 夫妇,夫妻俩都是美国法律界成功人士,丈夫是大名鼎鼎的谢尔曼律师事务所合伙人,Mary 则是一个刑事法官,总是在世界各地飞来飞去忙于审判国际战争罪犯。送我去耶鲁法学院的路上,我问了一个令我困惑已久的问题:"哈佛和耶鲁究竟谁是第一?"两人沉默了一会儿,才慢慢说:"我们都是哈佛家族,比较偏爱哈佛。你到了耶鲁可以自己感受一下,看看究竟谁是世界第一。"

来到耶鲁,很多学生告诉我,希拉里不久前来耶鲁的毕业典礼演讲时专门谈到了她为什么到耶鲁来。据说希拉里去哈佛拜访教授 A,这时正好另一个教授 B 过来。A 对 B 说,希拉里正在犹豫到底是念哈佛法学院还是念我们的对手耶鲁法学院。B 答道,第一,我们哈佛是没有对手的;第二,我们哈佛女生已经够多了。正是这位傲慢的哈佛教授使更加心高气傲的希拉里决定选择耶鲁。事实证明希拉里是对的,正是耶鲁法学院这座神圣的宫殿造就了她和她的丈夫——美国总统克林顿。如果当年希拉里选择了哈佛,她可能就不会成为美国的第一夫人,而只是无数每年挣几百万美元的美国大律师之一。

---

① 原文发表于《扬子晚报》2002年3月10日国际副刊,略作修改。

我们的辅导员 Bob 曾经说过一个有趣的故事:“我的同学在哈佛法学院读书,后来转到耶鲁法学院。他对两个法学院的比较很特别:如果要找律师把当事人救出监狱或者兼并一个公司,你去聘请一个哈佛法学院的毕业生;如果想让自己变得更加聪明,想成为一个对世界有贡献的人,或者晚宴有一个有趣的话题,或者想要结交一个律师朋友,你去找耶鲁法学院的。”这虽然是玩笑,但多少反映了一点哈佛和耶鲁的区别,哈佛重实务,耶鲁重理论和政治。耶鲁孕育了无数政治家,哈佛培养了大批企业家和管理人才。

有一天晚上去参加耶鲁法学院妇女组织的一个活动,问她们同样的问题,那些三年级的学生都说耶鲁是第一,两个学校一直竞争,耶鲁法学院第一学期不考试,压力小,也没有成绩差别,每一个人都是及格。但是美国一个非常流行的杂志——《美国新闻与世界报道》(*U. S. News and World Report*)的排名一直是耶鲁第一,哈佛第二。2000 年因为斯坦福第二,哈佛就排了第三,心里极不是滋味。

真正让我领略到哈佛和耶鲁的较量是这两个学校传统的橄榄球赛。2001 年 11 月 17 日,感恩节前的一个星期六,已经有 126 年历史的哈佛对耶鲁的一年一度的橄榄球比赛在耶鲁露天体育场举行。比赛进行之前,已经有许多的宣传,耶鲁人人皆知。到了这一天,整个耶鲁的学生倾巢而出。耶鲁动用了所有汽车,从早晨 9 点开始,一趟又一趟地将学生运到体育场。体育场一派喜庆的节日气氛,到处是帐篷,大量的免费食物和饮料,彩旗飞舞,气球飘扬。“9 · 11”以后美国经济的衰退,似乎对耶鲁没有任何的影响。

也是在这一天,我惊讶地发现,整个耶鲁校园里面,学生衣服的

已经有 126 年历史的哈佛对耶鲁的一年一度的橄榄球比赛在耶鲁露天体育场举行。

颜色要么红色,要么蓝色。我刚来耶鲁的时候去书店,发现绝大多数的衣服都是深蓝色,我很奇怪。今天才知道原来蓝色是耶鲁的象征,红色是哈佛的象征。很多哈佛学生在脸上和身体上用红色涂了大写字母“H”,而耶鲁的学生自然是在脸上涂蓝色的“Y”。啦啦队也是哈佛红色,耶鲁蓝色。

比赛一开始,哈佛 Touchdown 得了 6 分。然后耶鲁进攻,锣鼓声、号角声伴着欢呼声。轮到哈佛进攻,他们在对面叫喊:“Let's go! Harvard!”的时候,耶鲁这里的本科生就有人把衣服脱了,白色的身体上是蓝色的字,远远地也看不清楚,问朋友写的是什么,朋友说无非是哈佛笨蛋、哈佛蠢东西之类。无论哈佛或者耶鲁得了分,各自的啦啦队就会到场上去跳舞,做俯卧撑,是多少分就做多少个。上半场,哈佛遥遥领先,朋友气得跺脚,说,让他们得一万分好了,做一万个俯撑,累死他们。周围的美国学生用美国俚语在喊叫,大概也是嘲笑哈佛的话。很多耶鲁老年校友,一样大叫“Go! Yale! Harvard! Sucks!”

红色的哈佛坐在阳光下,穿着大红的、紫红的衣服,热情似火,蓝色的耶鲁坐在阴冷的北面,蓝色是高贵、沉静、优雅的象征。蔚蓝的天空下,我就看见哈佛扛着他们那面耀眼的红色的“H”旗,在体育场欢呼雀跃。上半场果然是哈佛赢了。

中间休息,先是哈佛上来表演。耶鲁就静静地看着,没有声音。红色的哈佛意气风发地在场上挥舞那面“H”校旗。耶鲁表演了一个类似于小品的节目。耶鲁和哈佛在打仗,两军对垒,强劲的音乐声中,演员排成一个巨大的 Y。每一个学院都有自己的院旗,都是一支英勇无比的部队。战斗中,耶鲁把哈佛赶到一个小城堡里,然后又放火烧了这个城堡,红色的哈佛统统倒在绿茵场上。耶鲁这边欢呼高歌。啦啦队还真有两下子,两个女生就用手把另一个举起来了。二年级的何鲤告诉我,被选进啦啦队可了不得,这是一个耶鲁女生的最高荣誉。最后大家一起唱"God Bless America"。

虽然耶鲁的表演极其精彩,但是哈佛还是以35:23赢得了这场比赛。欢乐颂在空中响起,哈佛在庆祝胜利。

输赢其实不是最重要的。那天晚上,耶鲁校园周围的所有饭店、酒吧都是两个学校的学生在庆祝。输了的耶鲁,照样兴高采烈,欢聚一堂。对于耶鲁人来说,这是一个盛大的节日,是一个把耶鲁人团结起来的节日,是一个奋发向上的节日。在一次又一次的狂欢里,耶鲁这个社区就成了一个牢不可破的城墙。

其实,哈佛和耶鲁都是世界上最著名的大学,应该是各有特色。我们这里学生少,每一个人都被细致地关怀着、培育着,地方呢,是个绝对安静的世外桃源。2001年秋天,我去纽约看哥伦比亚大学法学院中国法律中心主任爱德华教授,他一见我就笑着说:"建妹,你从耶鲁来,现在是乡下人了。"而哈佛相对热闹,更加接近世俗一些。就规模来比,哈佛法学院大得多,他们2001年的研究生有140个,耶鲁只有26个。J. D. 学生哈佛将近600个,而耶鲁不到200人。就排名来说,也是各有所长,两个学校各有自己不同的排名第一的专业。像商学院,哈佛就比耶鲁强得多。可是最近这些年,哈佛的法学院一直排在耶鲁之后。1998年、1999年、2000年哈佛对耶鲁的橄榄球比赛连续3年哈佛输给了耶鲁。连续16年美国总统都是耶鲁毕业的,给耶鲁增了多少风头。耶鲁这些年可是辉煌之极,被誉为“总统的摇篮”。

哈佛和耶鲁究竟谁是第一,这个已经争论了两个世纪的话题还会继续下去。在写这篇文章时,《美国新闻与世界报道》的全美大学排名已经出来,2002 年排前五名的法学院按名次顺序是:(1)耶鲁大学;(2)斯坦福大学;(3)哈佛大学;(4)哥伦比亚大学;(5)纽约大学。

五、吃喝玩乐在耶鲁

吃在耶鲁

因为住在研究生宿舍,所以也必须在研究生宿舍的餐厅吃饭。4 月份的时候接到耶鲁法学院的通知,说给我十个月 4.2 万美元的奖学金和贷款,我心想好啊,这可赚了。可是 6 月份我还在中国的时候,研究生餐厅的账单就来了。这个贪心的餐厅把我 9 月到 12 月 20 日的饭费全从我的奖学金中扣了,不包括星期天和节日(像感恩节和圣诞节)的饭,两个多月就收我人民币将近一万五千元。而耶鲁法学院又是特别富有,免费的饭常常是一个晚上好几个教室同时提供,120 教室也许在吃中国饭,121 教室却是比萨,128 教室说不定就是埃及饭。我们三个同屋常常牢骚满腹,因为我们都是在研究生餐厅包伙的,不吃白不吃,钱也不会退给你。这么多免费佳肴我们很多时候只好看着浪费。

我们研究生餐厅通常是三到四个热食,其他都是冷的菜,蔬菜色拉倒是品种繁多,丰富多样,像胡萝卜、红萝卜、黄瓜、西红柿、花菜、青椒、包菜、豆腐、蘑菇、豆芽等,凡是你在中国菜场可以看到的蔬菜都洗得干干净净,切得整整齐齐,摆了一大长桌,任你挑选。可是这些东西根本就是喂兔子的嘛!没有办法,很多时候我都是像英雄就义似的赴餐厅吃饭。

就这样,在研究生餐厅吃了不到一个月,9月底的时候我就忍不住给朋友打电话诉苦,说我们研究生餐厅的西餐实在太难吃了,吃的我胃都痛了。朋友纳闷道:“你不是在纽约住了一年吗,怎么就不能吃西餐呢?再说,生菜的营养比中餐好啊。”“你不知道,我在纽约当然是吃中餐了,有宴会才吃西餐的。我小时候养过鸡,养过鸭,放过牛,放过羊,喂他们吃的都是生的菜、青的草,现在我就像是一个吃草动物了。”看我说得那么可怜,朋友动了恻隐之心说:“现在纽约不安全,也不能去吃,要么我请你到新泽西州来吃韩国菜吧。”我高兴得大声叫好。以前在纽约也常常和朋友开车到新泽西州游玩吃饭,那里的几个韩国饭店做的菜极其合我胃口。找了一个星期六的上午就和朋友开车到新泽西州去吃饭,来回开了八个多小时,就为了吃一顿可口的韩国菜。

这样的口福也不是常常可以享受的。学业如此的紧张,绝大多数时候就只有在研究生餐厅吃饭。而且在美国念书,不吃不行。朋友常说,你一定要多吃饭,要不你念不完这个学位。美国人做的饭菜虽然难吃至极,但是他们的果汁却是绝对纯正新鲜,美味营养。而且我们餐厅的牛奶、水果、果汁是永远也吃不完的。所以我常常是一大杯一大杯地灌橙汁、苹果汁、草莓汁来维持我的身体健康。

偶尔,周五的时候也会有一些亚洲饭菜,像蛋炒饭、炒面、炸水饺、红烧猪排、羊排等。遇到这样的日子,我喜上眉梢,总要暴食一顿。有天一个计算机博士和我一起吃饭，我弄了两盘饭菜，一块牛排、两块羊排、一杯苹果汁，一块苹果馅饼，外加香蕉、橘子和猕猴桃各一个，一杯巧克力冰淇淋，我把盘子端到桌子上，自己都觉得手酸了。这位博士警告我说："你吃那么多，一个星期下来就要胖5磅。"可是事实是我8月13日来耶鲁，到10月底的时候已经瘦了10斤，身高1.68米的我只有106斤了。从南京带来的裤子和裙子的腰身都嫌大了。

回国后，发现许多朋友由于优越的经济条件吃得腰肥膀粗，想着办法减肥。我就给他们建议说，去美国念一个学位就好了，保证身材苗条，不用喝减肥茶、穿减肥衣、做减肥操，还可以大饱口福，尽享世界各国的美味佳肴。

当然，研究生餐厅也不完全永远是那样面目可憎。2001年11月17日到25日是感恩节休假，研究生餐厅关门。开头两天，不亦乐乎，天天到中国餐馆去吃饭，几天下来发现不对头，不是那么想去中国餐馆了，因为美国的中国餐馆做的中国菜已经大大走样了，大概是为了适应美国人的胃口，已经失去正宗中国菜的味道，而且非常油腻。想想还是到研究生餐厅做一只快乐的兔子好了，虽然绝大多数菜是生的，但是有几十种，又有营养，加上饮料十几种，水果七八样，冰淇淋任你选，比在中国饭店天天吃油腻的炒饭炒面好多了。

可爱的同屋①

我的两个同屋，Aida来自西班牙，芭芭拉来自爱尔兰。在最初

① 原文题目为《三人行》，发表于《扬子晚报》2001年12月30日国际副刊。

的日子里,由于发音不同,我和西班牙女孩聊天时常常需要爱尔兰女孩来做翻译。三个人在一起住的一年,真是乐趣无限。

记得有一天中午,我去中国餐馆吃饭,发现居然有麻团,还是红豆沙馅做的。我很高兴,一下买了五个回来,给了 Aida 一个。她问我是什么东西,我一时之间也不知道麻团和红豆沙馅的英文是什么,就告诉她这是中国蛋糕,是可以当早饭吃的一种很普通的甜点。Aida 疑惑地看着我,小心翼翼地咬了一小口,满脸痛苦的表情,我忙问:“怎么了,不好吃吗?”她的英文词汇也不够用,只是跟我说“这个东西好奇怪”,并不断地用手把麻团捏来捏去,“你敢肯定这个圆的东西是吃的? 不是玩的东西?”她大概以为这是一个橡皮泥玩具。我也没有办法和她解释,拿了一个麻团大大咬了一口,里面的红豆沙馅就露出来了。我告诉她这个红豆沙馅尤其好吃。她半信半疑地照我的样子咬了一大口,说:“这个东西好粘。”我说:“这是一种特殊的米做的,很有营养。”可是她不肯再吃,只是捏来捏去,我对她叫道:“不要捏了,这不是玩具。这是一个美元买来的蛋糕,不能扔,至少你吃完一半。下次你请我吃西班牙蛋糕好了,我保证再难吃我也不扔。”晚上我洗完澡从浴室出来,听见 Aida 在客厅和芭芭拉抱怨道:“我以前以为中国饭很好吃的,可是今天建妹请我吃一种很奇怪的中国蛋糕,粘在牙齿上,有点像橡皮泥,不好吃,我从来没有吃过这样的蛋糕。你下次千万不要尝。”我笑得倒在沙发上不能动弹。

我要做一个新女人(New Women)

耶鲁法学院一年的硕士项目真的是披星星戴月亮地做似乎也做不完。书从来就是读不完或者勉强在凌晨3点读完早上却不能起来继续革命了;或者大致读一下,却读不懂里面的道理。芭芭拉有一天凌晨一点从酒吧回来对我发誓说,下个学期要做一个新女人,要把时间都用在读书上。

可是我们两人心里也都明白,事实上是不可能的。因为耶鲁虽然地处偏僻,环境安静,同时却也是一个永远不寂寞的耶鲁。

在耶鲁的头三个月里面,就不知有多少欢喜、多少激动、多少担心、多少苦恼。中国驻联合国全权大使王英凡先生到耶鲁来做报告,我难道可以错过这样精彩的报告和精致的晚宴吗?人类历史上最惨痛的“9·11”大灾难要不要关注?美国200多年的历史上绝无仅有的国会被迫关闭五天,要不要也紧张一下?10月5日耶鲁300周年的校庆狂欢,你难道想错过这样百年一遇的盛典?11月2日耶鲁法学院一年一度的校友节,来自世界各国的耶鲁法学院那些无比荣耀的校友你要不要见?那些礼堂里精彩的专题讨论会要不要听?11月17日,已经有126年历史的一年一度的耶鲁对哈佛的橄榄球比赛,你要不要去为耶鲁加油,骂哈佛笨蛋?大名鼎鼎的Helen女士家里感恩节的晚宴要不要去?那里可是好菜好茶好人好语,而她家整个就是一个中国古代文化展览馆。阿根廷同学开生日会,你要不要去庆祝呢?11月联邦法院大法官Calabresi教授请你去他美丽的农场秋游,免费的午餐,如画的风景,成群的牛,连绵的山,无边的草地,明净蔚蓝的小湖,清新如水的空气,红的让你心颤的新英格兰的树

我可爱的同屋 Aida 和芭芭拉。

叶，是不是该去大饱眼福呢？12月2日 Kronman 院长在海边餐厅宴请法学院学生，迷人的大海，还有法学院合唱队的精彩表演，要不要欣赏？

所有这些问题的答案对我都是一个字，要。只在耶鲁一年，什么经历都要的，都不可以错过。我虽然是一个非常用功的学生，但是因为耶鲁有这么多的事情诱惑我，分散我本来就有限的时间，所以书就怎么也读不完了。只有少睡一点，刻苦一点。

说到刻苦，我们班有一个学生是真的比我还要刻苦，有时还能做到两耳不闻窗外事，那就是我的室友 Aida。记得我们忙着准备去参加300周年校庆的时候，她还在导师的办公室和教授谈宪法。

我要不要做一个新女人？答案是，不要！也做不到。

山外青山天外天①

因为耶鲁大学法学院的研究生来自世界各个不同的国家、不同的城市，所以每次我都要问半天才能搞清他们到底从哪儿来。而我所来自的城市——南京，对于他们也同样陌生。虽然我的同学中有一些特别学识渊博的，像希腊同学 Eleni、埃及同学 Karim，他们不但知道毛泽东、邓小平、孔子、老子和慈禧太后，看过张艺谋的电影《大红灯笼高高挂》，也知道南京大屠杀，知道南京曾经是旧中国的首都。但是大部分同学对于中国的印象只是北京与上海，所以我每次

---

① 原文题目为《世界地图》，发表于《扬子晚报》2002年1月27日国际副刊。略作修改。

要花时间和他们解释,南京是靠近上海的一个六朝古都。这样,圣诞回中国度假时就让丈夫帮我买了一张很大的世界地图,好让我的同学确切地知道南京在地图上的什么方位,而我也可以清楚地知道他们的城市在地球的哪一个角落。

第一学期的考试完后,我请 Aida 来帮我把地图挂到客厅墙上,没有想到,Aida 盯着地图看了半天后,在客厅就大叫我的爱尔兰同学:"芭芭拉! 芭芭拉! 你快来看哪,建妹从中国带了一个好奇怪的世界地图来!"我以为是 Aida 不认识中文找不到她们西班牙了所以大叫,就赶紧告诉她西班牙在地图左边角落上。Aida 却说:"西班牙一直是在地图中间的,怎么会到角落去呢? 你们中国怎么把自己放在地图中间去了呢?"她从来没有见过中国在中间的地图,奇怪得不得了。我就更加奇怪了,这个地图有什么不对呢? 我从小学开始看到的世界地图一直就是这个样子的,蓝色的太平洋占了地图的大部分面积,红色的中国在太平洋边上,几乎在地图中间,和欧洲相连,西边是美国和加拿大,南面是澳洲。后来我们找了一个西班牙的世界地图来看,才发现她们国家的地图果然大不相同:左边是美洲,右边是欧洲,中间大片是大西洋,而西班牙就自然到了地图的中间,中国在地图右边最边角上。我想,大概每一个国家都是尽量把自己放在地图中间的吧。

我对地理知识不是太有兴趣,可是自信还是有一点地理概念的,在遇到我的这个西班牙同学前,我一直以为世界上的地图都像我从小见过的一样。

真是山外青山天外天。中国的格言"读万卷书,行万里路"的道理现在才真正明白。

玩在耶鲁

美丽的耶鲁，好戏连场，高潮迭起。这虽然像是一个广告用语，却是耶鲁的真实写照。虽然耶鲁的学习生活非常辛苦，但是各种玩乐、放松的机会还是非常多的，像每个星期五的"幸福时光"（Happy Hour），每个周末的研究生聚会，同学和朋友的生日 Party，法学院校友周末等。

"幸福时光"是耶鲁法学院的一个特色。每个星期五下午，法学院的餐厅向全体师生免费开放，提供各种饮料食品。整个法学院热热闹闹，人声鼎沸，海阔天空，任你神游。每个星期五的下午，都宛如一场嘉年华会。免费的"幸福时光"虽然是在法学院里面的餐厅进行，有时学生也会将耶鲁其他系的好朋友带来吃饭聊天。记得有一个生物系的学生曾经愤愤不平地抱怨道："你们法学院的学生整天就是在这里吃喝玩乐，也不看见你们念书，怎么毕业了还个个都可以去挣十几万美元的年薪呢？我们天天在实验室里面埋头苦干，却挣不到钱。"他的抱怨虽然是片面的，因为他只是看到了法学院学生在"幸福时光"里海阔天空地聊天的一面，却没有看到法学院图书馆里学生深夜埋头苦读的情景。不过这位生物系学生的话倒也从某种角度展示了法学院学生悠然自得、快乐逍遥的一面，要不然，这"幸福时光"就名不副实了。

在耶鲁，还有一种特殊性质的玩就是到那些教授家去吃饭。放松、享受美餐的同时又了解到美国家庭的生活，了解到教授们另外的一面。

2001 年 10 月 13 日,星期六,上侵权法课程的学生一起去 Calabresi 教授家里野餐。一路上风景之美难以描述。我们有一百多人,几十辆汽车停在他的草坪上。Calabresi 教授的家是在一片森林里,四周是连绵不断的山峦,有一个很漂亮的湖,农场里还养着许多的牛。躺在游泳池旁的躺椅上,仰望蔚蓝的天空,正值金秋,金黄的、绿色的、红色的树叶,是一幅如画的风景,我的心里满是感动。我想,这么美丽的自然环境应该是全人类共有的。

Calabresi 教授所住的地方和选择的生活方式清清楚楚地表明他对于喧闹繁华的物质生活的放弃。更让我敬佩的是,七十多岁的教授和他的夫人亲自动手招待我们,没有佣人。下午,Calabresi 教授精神抖擞地带领大家去森林步行了一个半小时。教授反复对大家说,他的农场是开放的,是属于大家的,大家随时可以来。

六、世界上有两种法律

2001 年 12 月 2 日,Kronman 院长在一个海边饭店宴请一年级全体学生和研究生。那是一次愉快的经历。除了海边美不胜收的景致,可口美味的食物,Kronman 院长还请了美妙的乐队。那天刚好是我们的瑞典朋友 Jonus 的生日,我们就去请院长安排了一个歌唱小组来为我们演唱生日歌。法学院的女生演唱小组来了,表演了好些歌曲,非常有特色。最后一首歌是“There are two kinds of law”,听说是耶鲁法学院的学生自己编写的,非常轻快,只有耶鲁的

和希腊同学 Eleni、秘鲁同学 Gonzalo
在 Calabresi 教授美丽的农场。

学生才能听懂。我第一次听到这首歌，就笑得乐不可支。后来麻烦演唱小组的同学给了我歌词，发现非常幽默，反复玩味，更觉意味深长。

"There are two kinds of law,

The kind you learn for the Bar,

And the kind you learn from Akhil Amar.

There are two kinds of law,

The kind you learn at Yale and

The kind that will get your client out of jail!

You chose to come to Yale,

But that was a tragic choice. (name of Guido's course: Tragic choices and the law)

Well there are two kinds of law that will make you rejoice.

(Two Kinds of Law)

And if you came to Yale you made a tragic choice.

(Two Kinds of Law)

There's the kind of law that they teach you at Yale.

(Two Kinds of Law)

And then the other kind that gets your client out of jail, and that's the best kind of law for me.

Well there are two kinds of law that you can learn.

(Two Kinds of Law)

That can affect the salary that you will earn.

(Two Kinds of Law)

Well there's the kind of law you learn for the bar,

and then there's the kind that you learn from Akhil Amar...

But that's a sad kind of law... A sad, sad kind of law.

(Two Kinds of Law)

You gotta learn to know it.

(Two Kinds of Law)

You gotta learn to show it.

(Two Kinds of Law)

You gotta learn to know it.

(Two Kinds of Law)

Last week I picked my classes.

(Two Kinds of Law)

Man, this term's been a disaster.

(Two Kinds of Law)

I just hope I get some passes.

(Two Kinds of Law)

You gotta learn to know it.

(Two Kinds of Law)

You'll take the bar and blow it.

(Two Kinds of Law)

You got a job but so what?

(Two Kinds of Law)

Oh yeah..."

歌词大意如下:

世界上有两种法律,

一种是你为了律师资格考试而学的法律,

另一种是你从 Akhil Amar 教授处学的法律。[①]

世界上有两种法律,

一种是你在耶鲁法学院学习的法律,

另一种是你将你的当事人救出监狱的法律。

你选择来到耶鲁法学院,

但这是一个"悲剧的选择"。[②]

世界上有两种法律会让你喜悦,

可是,如果你来到耶鲁法学院,你做了一个"悲剧的选择"。

世界上有两种法律,

一种是耶鲁法学院教授你的法律,

另一种是你将你的当事人救出监狱的法律,这对我是最好的法律。

世界上有两种法律你可以学习,

---

① Akhil Amar 教授是耶鲁法学院著名宪法教授,这里是善意嘲讽耶鲁法学院的教学重视理论轻视实践。因为在一些漫画中,耶鲁法学院的学生通不过律师资格考试。

② 这里影射的就是 Calabresi 教授的课程"悲剧的选择"。这是耶鲁法学院一门王牌经典课程。歌词表面上哀怨,好像很后悔来耶鲁法学院,实质上是一种来到耶鲁法学院的欣喜与骄傲。

这会影响到你的工资。

一种是你为了律师资格考试而学的法律，

另一种是你从 Akhil Amar 教授处学到的法律……

但那是一种悲哀的法律，

一种悲哀的法律。

……

04

第四章

独一无二的耶鲁法学院

Chapter 4. The Unique Yale Law School

一、耶鲁法学院的教学

迷茫的侵权法——美妙的 Calabresi 教授

在 Calabresi 教授和我们研究生的见面聊天会上,我的希腊同学 Eleni 负责介绍 Calabresi 教授,但是她一开口就说:“我们尊敬的 Calabresi 教授不需要任何的介绍。”Calabresi 教授是 Eleni 崇拜的偶像,也是我的偶像,是许多耶鲁法学院学生的偶像。看一下他的简历你就可以深受震撼,更不用说面对面和这位大师交流了。

在美国法学界,Calabresi 教授和波斯纳

亲切、慈祥、睿智而又极具幽默感的 Guido Calabresi 教授

Calabresi 教授 1953 年毕业于耶鲁学院(Yale College)。1955 年毕业于牛津大学 Magdalen College。1958 年获耶鲁大学法学院法律博士(LL. B)学位(相当于今天的 J. D.)。1959 年获得牛津大学政治、哲学和经济硕士学位。法学院毕业后,Calabresi 教授在美国联邦最高法院为法官雨果·布莱克(Hugo Black)当法官助理。1985—1994 年担任耶鲁大学法学院院长。1994 年被克林顿总统任命为美国联邦上诉法院第二巡回审判区大法官。

(Posner)和科斯(Coase)齐名,是经济分析法学的创始人。除了他自己得到的学位,由于他对当代法律发展的重大影响,他还被世界各地的著名大学授予了三十多个荣誉学位。他的名著包括:《事故成本——法律和经济分析》(*The Costs of Accidents-A Legal and Economic Analysis*),《悲剧的选择》(*Tragic Choices*)。他发表了80多篇学术论文,其中包括:*Toward A Test for Strict Liability in Torts*, *Optimal Deterrence & Accidents*: *To Felming James*, *Jr.*, *Concerning Cause and the Law of Torts*,等等。

"悲剧的选择"也是耶鲁法学院Calabresi教授的一门王牌经典课程。悲剧的选择,就名字就是一门可以让我喜欢得发狂的课程。世界上许多事情都是可以皆大欢喜有圆满结局的,可是唯独当所有的选择和所有的方案都是悲剧,才需要大智慧、大勇气。这是一门可以穷尽毕生精力来研究的课程。听那些老生介绍得眉飞色舞,我心仪万分。可是我们在耶鲁法学院的那一年,Calabresi教授并没有开设这一课程。所以要聆听这位大师的教诲就只有修早上的侵权法。

对于在耶鲁可能遇到的生活上和学习上的困难都事先做了充分估计,没有想到最大的困难竟然是侵权法——这门我在中国已经讲授了多年并自以为有所造诣的课程。侵权法是我花时间最多的一门课程,但也是学起来最费劲、最糊涂的一门课程。

Calabresi教授事先让我们阅读的第一个案例是教材上第一章"事故伤害责任的基础"中的第一个案例——*Ives v. South Buffalo R. Co.*, Court of Appeals of New York, 1911。

案情其实并不是十分复杂。原告受害人在1910年9月2日在为被告铁路公司工作时受到伤害,在好几个星期里面失去了工作能力。原告声称他是由于工作本身所必须承受的风险而受到伤害,要求赔偿。原告的依据是劳动法条款 14a,该条款给予从事一定危险工种的工人请求赔偿的权利。而被告却辩称劳动法 14a 是违反联邦和州宪法的。一审裁决没有采信被告的主张,支持了原告的赔偿要求。被告不服提起上诉。

自从 1838 年的《普鲁士铁路法》确立无过错责任原则以来,世界各发达国家都逐渐承认并在高度危险作业领域确立了无过错责任原则,美国也不例外。那么在 *Ives* 这样一个案件中,让被告来承担其雇员因工作而受到的伤害是完全在情理中的。可是,这个案件中,法官 Werner 却把我的思路彻底搅乱了。他长篇累牍地引经据典,考察普通法上这个原理那个规则,又弄出一大堆案件来做比较,讨论工伤赔偿法的合宪性问题,七拐八绕,实在不知道他要做什么,兜了一大圈,最后法官大人说,尽管劳动法条款 14a 的动机是好的,可是却是违反宪法的。因为宪法制定的时候无过错责任原则尚不存在;劳动法条款违反了正当程序(Due Process)。在没有过错的情况下,没有人应该被判承担责任。被告的要求是应该得到支持的。我反复研读这个 15 页长的案例,仍然不能够理解和同意法官 Werner 的种种分析。在 20 世纪初的美国,无过错责任原则竟然是违反宪法的?! 好在最后一次讲述 *Ives* 时,Calabresi 教授终于大发善心,为我们澄清是非,告诉我们法官 Werner 是错的,终于让我拨开云雾见天日。

回国后,有一次在从上海到南京的火车上读 Goodrich Chris 所著的 *Anarchy and Elegance*,这是一本描写耶鲁法学院教学和生活的书。Goodrich Chris 是一位曾在耶鲁法学院读书的记者。在“想象过去”(Imaging the Past)和“法律的局限性”(The Limitations of the Law)这两章中,作者花了大量篇幅来讨论 Calabresi 教授的侵权法和悲剧的选择。在第 69 页,关于 *Ives* 一案,作者抱怨道:

Why in God's name had Guido started the course with this particular case? I hadn't a clue what my analysis was supposed to uncover, to be used for; I could re-read Ives all night and still fail to understand it. ①

我在火车上忍不住大笑,想不到 11 年前有这样一个美国学生和我一样困惑苦恼,和我经受一样的痛苦和煎熬。如果早一点读他这本书就好了,我在耶鲁的第一个学期就不会有那么多的紧张和焦虑。教授的观点看来形成已经有多年,11 年前教授在侵权法课堂上讲的话和我听到的是如此的相似。*Ives* 这个案例,其实是美国法律艰难发展的一个例证。

Ives 的困惑以后我们很快就进入 17 世纪初。“tresspass”是一种常见的侵害行为,有各种不同的表现形式,很复杂。还有一个特征是,17 世纪的很多侵权赔偿案件都和那时候的交通工具——马有关。现在学习侵权法,大都认为无过错责任原则是 19 世纪工业社会的产物,是用来解决工业事故和其他灾难事故的,是归责方式客观化的一个结果,我自己也一直是这样一个思路。可是接下来学习英美法古典案例的过程中,发现无过错责任原则在普通法中有很长

① 参见 Goodrich Chris:*Anarchy and Elegance*,第 69 页。

的历史,像1695年的*Gibbons v. Pepper*一案,被告的马被惊撞伤了原告,被告已经尽了警告行人的义务和职责,并让原告躲避,原告没有躲避仍然站在路上而受伤。从案情来看,被告没有明显的过错,可是仍然被判负有赔偿责任。

学习几百年前的判例,里面很多拉丁文,反复查词典,也查不出名堂。许多旧的法律术语在词典上也找不到。跑去问我的室友芭芭拉,英语是她的母语,她总应该看得懂,结果她说:"我看不懂,就跳过去了。"又问了几个同学,结果发现大家都不懂这些拉丁文,这样总算放下心来。将来想去美国读法学院的读者,你不妨读一下下面的案例。如果有兴趣,可以把你的感受告诉我,说不定我可以教你几招对付这些天书般的案例的诀窍。

WEAVER v. WARD

King's Bench,1617

Weaver brought an action of trespass of assault and battery against Ward. The defendant pleaded, that he was amongst others by the commandment of the Lords of the Council a trained soldier in London, of the band of one Andrews captain; and so was the plaintiff, and that they were skirmishing with their musquets charged with powder for their exercise in re militari, against another captain and his band; and as they were so skirmishing, the defendant casualiter & per infortunium & contra voluntatem suam, in discharging of his piece did hurt and wound the plaintiff, which is the same, &c. absque hoc, that he was guilty aliter sive alio modo. And upon demurrer by the plaintiff, judgment was given for him; for though it were agreed that if men tilt or turney in the presence of the King, or if two masters of defence playing their prizes kill one another, that this shall be no felony; or if a lunatick kill a man, or the like, because felony must be done animo felonico: yet in trespass, which tends only to give damages according to hurt or loss, it is not so; and therefore if a lunatick hurt a man, he shall be answerable in trespass: and therefore no man shall be excused of a trespass (for this is the nature of an excuse, and not of a justification, prout ei bene licuit) except it may be judged utterly without his fault.

As if a man by force take my hand and strike you, or if here the defendant had said, that the plaintiff ran across his piece when it was discharging, or had set forth the case with the circumstances, so as it had appeared to the Court that it had been inevitable, and that the defendant had committed no negligence to give occasion to the hurt.

如果这样的案件发生在今天,如果你是法官,要怎样来下判呢?是用过错责任原则?无过错责任原则?还是所谓公平的公平责任原则?三百多年后,要给出一个公平的判决,恐怕仍然是要颇费周折的。

侵权法是我多年来真正钟情的一个领域,已经有了很深的研究,有了自己的思想和观察,来美国时又带了法官和学生提的许多现实问题,都希望可以在精通美国侵权法以后搞得明明白白。这样就天天在图书馆里面和书为友,有时以地为床,苦苦地钻研那些几磅重的案例,一个一个案例读,一个一个生词去查。韩国博士永珍看到我这样认真地学习,也就很认真地对我说:“建妹,你完蛋了,你将来只能做教授,不能做律师。只有教授才会如此细究那些细节。”我奇怪,我认真勤奋的优点在耶鲁反倒变成缺点了? 就连中国学生何鲤也启发我说,“花那么大劲干吗,你要的究竟是什么,只要及格不就行了吗?”

不过所幸我在侵权法学习过程中遇到的困惑和挫折感并不是独一无二的。每天早上看着120教室挤得满满的洋学生,一张张迷茫的脸,我就知道他们不比我幸福。一下课听到最多的总是一个同样的词——“Confusing!”

等到教授讲到举证责任,几乎所有在这个侵权法班上的研究生全糊涂了,三天讲下来,仍然不知所云。下课后大家就拦住了教授,说:“我们来自大陆法系国家,实在是不能理解英美判例法中的一些规则。我们建议以后给研究生专门开一个美国侵权法,和本科生分开上。”教授微笑着答复我们说:“很好。很多年前就有哈佛法学院的研究生提出过这样的要求。不过如果分开上,你们研究生要学最基本的规则,而那些从来没有碰过侵权法的J. D.学生可以上比你们高一级的侵权法(Advanced Torts)。”当时以为他是开玩笑,后来仔细想想,觉得很有道理。我们这些研究生之所以有着比J. D.学生更加多的困惑,是因为我们每一个人的脑子里面已经装了自己国家的侵权法,也或多或少了解一些英美侵权法,这样,教授从17世纪的侵权法开始来故意弄糊涂学生的时候,我们当然是最糊涂的;而那些从来没有接触过侵权法的J. D.学生,好比一张最干净的白纸,随我们的教授在上面涂写。

有时候想,到底怎样才算是了解美国法律的精华了?记得来耶鲁前,在哥伦比亚大学法学院,爱德华教授专门认真地对我说,“你到了耶鲁后,学习上不要追究细节,要着眼于美国法律的基本理论和框架,要从大处着眼。”他大概已经看出我喜欢追根问底、讲究精确和追求完美的性格,才说了这样一番话。爱德华教授是对的。如果过分地着重于一个单纯的案例,缺少宏观的思考,就会只见树木不见森林。尤其是侵权法的学习,每一个案例当然反映了那个案件发生时代特定的法律规则和观念,可是侵权法要考虑的可不仅仅是一个案件背后的一个原则。很快,在我们仍然非常糊涂的时候,Calabresi 教授将我们带到哲学和法律经济学的领域。侵权法需要宏观的、全方位的、多角度的思考。

Ives 和古代英国的古老案例给我们的痛苦、困惑、迷茫还只是一个开始。接下来的痛苦似乎永无止境。这种痛苦又是多重的。因为侵权法本身就是专门处理各种灾难事故的赔偿的,所以这门课程,每天面对的是人间各种你可以想象或者你无法想象的各种灾难。不像合同法课程,你可以看到各种违反合同的无赖,是一个有趣的社会众生相。同时面对这种种的灾难,人类又想不到好的办法来避免;而我们作为一个法律职业者,又没有办法找到一个十全十美的方法或者制度来补救这些灾难事故。

尤其是“9·11”事件以后,侵权法的学习和思考更是加入了一种悲剧色彩,一种沉重的味道。一边是现实生活中广播电视报纸上大量的关于“9·11”事件的赔偿和救助的报道;一边是侵权法课堂上几百年来我们的祖先所遭遇、我们今天仍然在遭遇的种种不幸事故。课程的强度也大,除了那本好几磅重的教材,Calabresi 教授还给我们准备了一大摞打印的案例和论文。一个学期里面要去研读思考的案例少说也有 200 个。各种交通事故、医疗事故、工伤事故当然是大家现在常常遇到的,不足为怪。关键是,很多的灾难人类事先是可以预计到的,甚至是人类自己选择的,像交通事故。

Calabresi 教授像个哲人一样,在教室里慢慢地踱步。"汽车,已经成为当今社会死亡的重要原因之一。要汽车,就要承受汽车事故的风险。汽车是一个魔鬼礼物,可爱又可恨,你们自己决定是否要这个魔鬼礼物。我不知道答案,你们自己去找答案。"关键是选择,人类自己的选择决定了悲剧的数量和发生的概率。人类又是贪心的,好东西哪里有肯放弃的呢?火车、飞机、大炮、汽车、轮船、火箭,我们人类都把它们折腾出来了,让我们的生活有了质的飞跃;可是这些发明又有哪一样不是和悲剧共生的呢?

Calabresi 教授常常引导我们去想一个又一个单纯侵权法本身无法解决的问题。造成灾难的原因是什么?我们可以避免吗?法律在这个过程中可以起什么样的作用呢?从法律经济学的角度来看,什么样的确定责任的方式最经济、最便宜?让谁承担责任成本(Cost)最低?让谁承担责任最容易避免事故再度发生?灾难最后落在谁的肩膀上是公平的?

开学初,教授一下将我们带回了 17 世纪初,让我们穿越时光悠远的隧道,去感受在近 400 年前,我们的先人就面临着的我们今天所遇到的种种困惑。等到学期结束,等到考试完毕,更确切地说,对我个人而言，等到耶鲁法学院的一切都渐渐淡去，我独自回首半年的侵权法学习笔记和参考材料，才深切地体会到他这种“迷茫教学”方法的启蒙意义。对于其他的学生，我猜他们多少也会和我有相似的感悟。过了圣诞节，大家再度回到耶鲁准备侵权法考试的时候，我看到大家互相传阅的考试复习大纲的标题就叫“Torts Outline—Wonderful Guido”。而且，很多时候，同学们提到Calabresi教授，就亲切地叫他“Guido”。

从混沌、困惑到恍然大悟，所有的法律学科中，没有任何一门学科像侵权法这样富有魅力，我们每一个人都有责任和义务来用我们的法律使世界变得更美好。现实世界是一个充满矛盾和冲突的世界，法律也没有十全十美的法律，没有绝对好或者坏的法律。面对事故、悲剧和灾难，每一个人都会有自己的解决方案。选出最佳解决方案是立法者的任务。困惑人类几千年的侵权法如同爱情一样神秘、迷离、痛苦、彷徨，她需要抉择，她没有一个单纯的答案，也没有绝对的合理和不合理。这就是侵权法亘古不变的魅力。

和侵权法一样，我们的侵权法教授Guido在许多学生心目中就是一个神、一个神话，无论是学术研究上对侵权法和法律经济学的精湛造诣，还是人品人格。我眼中的Guido是亲切、慈祥、睿智而又极具幽默感的。他喜欢打着领带，衣服总是笔挺。每天早上他来到120教室，总是说两遍“Good morning! Good morning!”有时看他坐在高高的讲台上，听他气定神闲地讲解着一个又一个的悲剧案例，仰望着那张睿智的、慈祥的脸庞，往往有面对圣者的幻觉。他总是给你很多的问题和疑惑，让你自己找答案。虽然有学生抱怨说跟

Guido 在一起,好像我们都是迷失的羔羊,只有他才是圣明的上帝。从某种角度看,Guido 也许确实是骄傲的,有时可以说是目中无人的。可是我坚信只有一个有着伟大、善良、慈爱心灵的人才能够说出 Guido 那样的经典言论,做出 Guido 那样的行为。

迷人的合同法——迷人的 Kronman 教授

我们的合同法是下午2点在127 教室。因为没有早晨起不了床的痛苦,所以,自始至终,从上课时间来说,与侵权法相比,上合同法是一个相对愉快轻松的课程。127 教室圆形的课桌布置和满壁生辉的肖像也提供了一个温暖和充满艺术氛围的环境。

Kronman 教授中等身材,不像一般美国男子那样高大,但是却风度翩翩,一派绅士风度。同学们常常开玩笑说,正因为他风度翩翩,优雅迷人,才能为耶鲁法学院募捐到这么多的钱。每次上课前,他总是会重复一个动作,那就是将讲台上的桌子搬下来。Kronman 教授为人也随和风趣。圣诞节前,我去向他请假回国,我说:"我要回国看女儿,可能要少上两节合同法课。"他幽默地说:"没有问题。你应该回去看她,你可以少上两节合同法,不过我们要有个合同,而这个合同的对价(Consideration)是,你带她的照片回来给我看。"

Kronman 教授和 Guido 有一点非常相像,就是很多时候这两位院长喜欢以一种哲学家的态度来演讲。Kronman 教授的名著——哈佛大学出版社 1993 年出版的《迷失的律师》(*The Lost Lawyer*)一书也充满哲学色彩,对现代美国律师职业的利弊做了深刻反思和批评,批评现代化大型律师事务所的律师们忙于案件,为当事人服务,失去了古典理想主义政治家的梦想，失去了思考的能力。我非常喜欢这本书，原来还想着有空把它翻译成中文传播到中国来，不过法律出版社独具慧眼，捷足先登，在 2002 年 8 月就出了中文版。

在法学院，Kronman 教授和老院长 Guido 一样是深受大家喜爱的人物。Jean Koh Peters 教授在毕业典礼演讲上，还专门引用了一个学生的信，这个学生眼里的 Kronman 教授和院长是这样的：

I love Dean Kronman. He's awesome. I have sat with him to tell him he needs to strengthen the LSO Clinics and stem the recent restrictions that made it more difficult for students to take clinics, and I have publicly questioned the adequacy of the school's efforts to integrate the faculty. But, even in prodding the school and its leader, I think he's just the most articulate, endearing, intelligent, and motivational person, dean and surfer around.

如果说上侵权法我们更多的是被训练成像哲人一样地思考人类面临的灾难，合同法我们却是在和圆滑的世俗生活打交道，和很多有商人头脑的人或者是商人打交道，有时是和无赖打交道，没有太多的悲剧和灾难，更多的是金钱上的讨价还价。比如说，姑妈对她的侄子说："如果你把烟戒了，我给你 500 美元去欧洲旅游。"侄子为钱动心，果然咬牙把烟戒了，去向姑妈要钱，却被拒绝。或者姑妈见不得自己的侄女在酒吧当女招待，就对侄女说："你如果辞去这份工作去念法学院的话，在你毕业的那一天，我将送你一万美元。"这样的案子，在美国合同法上要用"期待"（Reliance）或者"礼物允诺"

风度翩翩,一派绅士风度的 Kronman 教授。主要教学和研究领域:合同法、破产法、法理学。1994 年到 2004 年 Kronman 教授担任耶鲁法学院院长。

(Promise to give a gift)的理论来处理。和这样的姑妈、侄子、侄女打交道，总比处理侵权法上那些行人走在街上被汽车轮子压死或者被马蹄踩死的案件要轻松得多。

不过，2001 年 9 月合同法第一节课让我们预习的案例却是一个医疗事故案件——*Sullivan v. O'Connor*。这是美国合同法上 1973 年的一个经典案例，也是和侵权法交叉的一个案例。我花了 68 美元买了合同法教材，匆匆浏览完 *Sullivan* 一案后，感觉十分轻松，因为这类案件对我来说实在不是什么难题。不过是 7 页纸的一个医疗事故纠纷，比侵权法的第一个案例 *Ives* 要容易得多，而且案件事实非常清楚。

原告是一个专业的演艺人员，被告外科医生承诺为原告进行外科鼻子整形美容手术，从而使她的鼻子外观更加美丽。原告经历了三次手术，鼻子的美观情形却不见一点好转。而且原告的鼻子也不可能再通过手术得到改善，这导致了原告精神上的极大痛苦。被告医生手术前知道原告的职业。原告起诉，指控被告违反合同，并且在进行手术时有医疗过失，要求赔偿。陪审团裁定被告违反合同，但是没有支持原告的第二个诉由。

我在国内从事医学法研究已经近 10 年，如果想要自吹自擂的话，在中国至少也算得上是一个医学法专家。记得有一年的“3·15”消费者权益保护日，因为大众对于医疗事故和病人权利的关注，很多电视台不约而同地做病人权利的专栏节目。有一天下午，有三家电视台的记者就同时扛着摄像机来家里采访我，先生下班回来，看到一群人在调灯光、试音量吓了一大跳。很多法官朋友、律师或者学生也常常拿着他们手上遇到的种种疑难医疗事故,来请我帮忙看看是否应该判决赔偿。有国内这样丰富的如何处理医疗事故的经验,所以第一次去上课时看着满教室对医疗事故处理一无所知的美国学生,感觉自己比他们要强得多,信心百倍。

对于事实如此清楚的一个案件,无论发生在中国、美国还是欧洲,我相信责任确定都是很明确的,无论是用违反合同的理论还是侵权理论,医生的赔偿责任是在所难逃。至于判决赔偿多少钱,在中国通常是按照民法通则第 119 条来处理。可是在 *Sullivan* 一案中,到底赔多少钱、根据什么理论、什么原则、什么模式赔偿,法官 Kaplan 和 Kronman 教授把我们搞得晕头转向。而且法官 Kaplan 在阐述他的观点时又引用了许多其他案件的判决意见,Kronman 教授又让我们比较 *Sullivan* 一案和这些案件的区别。刚开学时我的优越感和强大的自信心被他的"Expectancy, Restitution, Reliance"全都打没了。然后我就怀疑让学生糊涂是不是所有这些耶鲁教授们故意使用的一种教学手段。我的数学一向是特别差的,*Sullivan* 一案天天在那里要计算怎么赔,弄得我恨不得要逃课。

这个案例 Kronman 教授讲了整整一个月,眼看着后面还有七八十个案例没有讲,我这个曾经是老师的人实在替他着急,这样的进度,到圣诞节岂不是只能学完四个案例?而且就是这个赔偿方法和计算标准我们也还是没有彻底明白,学生在课堂上互相辩论、争吵,到最后一次课上,一个学生觉得 Kronman 教授讲的观点不合理,自己跑到大黑板上去画图,而我们那位不断让我们想"假如……"(Suppose)的院长大人就笑嘻嘻地坐到学生的位置上,静静地看着他的学生在黑板上涂画，解释他们的高论。

和侵权法一样，也是等到学期结束，回头复习，才意识到Kronman教授用一个月来讲*Sullivan*一案，对那些从来没有学习过法律的美国学生是一个合理的教学安排。仅仅这一个案例，学生就接触了许多最基本的法律术语和规则，“Malpractice”“Breach of Contract”“Defensive Medicine”“Motion to Dismiss or Demur”“Restitution”“General Denial”等，还有精神损害赔偿问题。

过了两周，Kronman教授讲了一个得克萨斯州的案例。案件事实清楚，一个未婚妈妈要求孩子的亲生父亲支付一部分孩子的抚养费。奇怪的是，在这个案件中，法院最后的判决竟然是亲生父亲没有义务抚养他的孩子，可是案件却是发生在美国20世纪中期。我实在是困惑了，这不符合美国文明国家的人权观念和人道主义啊！难道美国法律也有如此落后的地方？看没有人提问，似乎都接受了法院这一荒唐的判决，我也就没有吭声，怀疑是不是自己没有听清楚或者听懂。两个星期后，我正好和Allen教授一起去参加Kronman院长宴请斯坦福大学Larry Lessig教授的宴会。晚宴中闲聊时，便将这个困惑请教他。Kronman院长的答复是，我的问题是对的，这个判决的规则后来被高级法院推翻了，并让我下次上课提醒他在课堂上再解释一下。

10月底的时候，Kronman教授送了我一本Marvin A. Chirelstein教授的《合同法中的概念和案例分析》(*Concepts and Case Analysis in the Law of Contracts*)。这本书对我还真是有用。大陆法系国家的学生都有同感，有时看了几十页的案例，原告、被告都搞不清楚，法官的观点看了半天也还是稀里糊涂,有时甚至谁胜诉谁败诉都雾里看花。这本书对于案件事实的陈述、法院判决意见的归纳都非常清楚,我看了很有启发,觉得很适于大陆法系国家的学生阅读,建议在美国法学院学习合同法时不妨买一本。

在中国做研究的时候总是重侵权法轻合同法,在修了 Kronman 教授的合同法以后,我深刻地感悟到这两门学科的相互影响。早在 1995 年,梁慧星教授主编的《民商法论丛》就刊登过大名鼎鼎的耶鲁法学院教授 Gilmore 的名著《契约的死亡》(*The Death of Contract*)。当时读这篇名著,并无太多的共鸣,也谈不上有特别深刻的理解。等到七八十个案例细细地读下来,侵权法和合同法的微妙的融合过程,美国合同法的精妙之处也就有所感悟。

"化腐朽为神奇"——可爱的 Harrison 教授

2001 年 10 月中旬的时候,我们的辅导员 Bob 在一次研究生的午餐会上兴奋地宣布,法学院最可爱的 Robert Harrison 教授将在每个星期二的晚上为我们免费讲授"法律研究和法律文书写作"(Legal Research and Writing)。大家无不欢喜雀跃。这是法学院最紧俏的一门课程。只有一个教授开这门课程,还限制听课人数。因为耶鲁是出了名的重理论轻实际,所以这并不是我们的必修课程。这与以培养律师为目的的哥伦比亚大学法学院的务实正好形成鲜明的对比。记得我 2001 年 8 月中旬到纽约去的时候,哥伦比亚大学法学院的研究生们已经在集中上法律文书写作课了。

按理说,星期二是我最不喜欢的一天,因为一大早要起来上

Guido 的侵权法，中午有讲座，下午 4 点到 6 点是中国法律中心的“中国法律改革研讨课”。中国法律中心的课一完就要冲过来上 Harrison 教授的法律研究和写作课。

先是教法律研究。这门课程虽然非常重要，但实在也是非常枯燥的。美国恐怕是世界上法律出版物最多的国家之一。因为是普通法国家，美国有成千上万的案例汇编；加上 20 世纪美国成文法在各个领域都有突飞猛进的发展，所以成文法规汇编的数量也大得惊人。无论哥伦比亚大学法学院还是耶鲁大学法学院的图书馆，案例汇编和法规汇编都是分门别类，堆放在好多架子上，要算面积的话，有几个房间大。如果你不懂得如何查找资料，没有掌握一定的方法，你可能在图书馆迷失一天还找不到你要的案例和法律条文。好在美国的法律研究手段比中国发达许多，Westlaw 和 Lexis 两大电子数据系统包含了几乎美国所有的重要判例、成文法规、法学论文。但是这两个系统的使用又有自己一整套的规则。

另外，美国法学研究非常严谨，引注（Citation）特别讲究规范，而且不断更新，哥伦比亚大学、哈佛大学、耶鲁大学和宾夕法尼亚大学法学院联合编辑出版的 *The Bluebook-A Uniform System of Citation* 1999 年时就已经出到了第 16 版。按照 Bluebook，法院名字、杂志名字都有固定的缩写，引用论文、法院判决等都有固定格式。如果你不懂得这些注释规范，你可能连判决书都看不懂。

Harrison 教授的法律研究课程就是要教法学院学生如何在茫茫书海中查找资料，如何读懂、引用那些复杂的、有许多引注的判决书和法律评论上的法学论文，还有图书馆里面堆到房顶的各种法律法规汇编。

第一次课用的资料我事先已经看了,并不觉得有多大研究的魅力:

Your Research Problem:

Your client, Jeff Jones, recently had his car stolen from a parking garage in Dallas, Texas. He parked it in the garage while he attended an important sales meeting. Jones was in a hurry and did not bother to read the back of the return stub given to him by the attendant, which stated: We close at 6:00 p. m. Cars left later at owner's risk. The meeting ran late and Jones was not able to return to the garage until about 8:00 p. m. The car was gone.

You discover that the garage had left several cars, including Jones's, in the street for lack of space in the garage. You also discover that a sign near the entrance of the garage, which contains the same statement as on the back of the claim stub, has been partially overgrown by ivy.

May the garage be liable to Jones for the loss of his car? One question you have to ask is whether the garage's attempt to disclaim or limit liability becomes part of a contract with the car owner if it is in fine print on the back of a claim stub and on a partially obscured sign. Aside from this ,is the limit of liability invalid if the owner or operator of the garage fails to exercise due care in storing the car? Your job is to find the current mandatory authority on this question, as well as to locate any other authority that might be persuasive.

可是就是这样一个普通的案件,Harrison 教授带领我们为我们的当事人“Jeff Jones”进行了一个学期的有趣的路程。

我还记得他的开场白:“Oh,my god! We have so much fun to do next month.” 他上课的时候充满了热情和激情,看着老师在教室里面如此情绪高昂,我们自然也就受到了感染,一进教室就可以感受到轻松快乐的气氛。他喜欢给出一个又一个问题让我们猜。我们的同学都是来自世界各国最优秀的学生,有法官、教授、律师、记者。他似乎全然不知,全当我们是 10 岁的孩子。他常常带着狡黠的笑容说:“猜猜看,这是什么。”他又常常镇定自若地诱惑你给出一个错误的答案,然后把桌子一拍,高兴地在教室里转悠着大叫:“错! 错! 错!”他的开心传染了教室每一个角落,全班笑成一片,好像回到了童年时代,期待着老师的表扬;又好像在玩一个游戏,我们都想知道谜底。这样的课程怎么会枯燥?

使他的课程如此成功却是因为爱心,对教学的爱和对学生的爱。只有那种特别热爱学生、全身心奉献的老师,才能上出这样的效果。这样的老师的课程,你不会想逃,你每天都在盼望。如果不亲自听他的课,你无法想象为什么每一次讲座都以掌声结束。

等到教写作的时候,我们事先看了一下他发下来的材料,心想这可是真正的枯燥,没有戏法可变了。从讲义的内容看,他要教我们在写法律文书的时候尽量不要用繁琐复杂的长句,也不要用太多名词。讲义上给了很多长句,让我们改写成短句。这就好比是大家去上托福考试培训班,老师让你做一大堆的语法和改错,真正是没有什么趣味的。

那天晚上,他叫了班上一个平时非常活跃的男生,让他把这些句子读一读。这个男生大概没有反应过来,或者是觉得在耶鲁这样的地方还要像小学生一样被老师喊起来念书实在是不可思议,又或者是难为情,总之,他愣在那儿好一会儿没有声音。教授瞪着他的炯炯有神的大眼睛,一本正经地说:“哦,原来你不会读这些句子,我请另一个同学读。”大家哄地笑起来。这个男生赶紧说:“会读,会读。”这些复杂的长句,或者是过多地用了名词的句子,在同学的朗读声里面,显示出那样明显的不和谐和别扭,有上气不接下气的感觉,和默默地看一遍的感觉果然是大不一样的。

就这样,在 Harrison 教授魔力般的引导下,在耶鲁法学院的 121 教室里,竟然传出了我们带有各国不同口音的琅琅读书声。其实读书真是最自然的教学方法了,无论我们这些研究生在他自己的国家曾经有过怎样辉煌的成绩,在耶鲁这座学术的最高殿堂,在 Harrison 教授面前,我们都不过是一个谦卑的小学生。

“化腐朽为神奇”,这是我给 Robert Harrison 教授的评价,也是我未来从事教学的一种理想境界。还有什么比把一门枯燥无味的法律研究和写作课讲解得如同大话西游一般更加需要功力的呢? Harrison 教授不仅仅是最可爱的教授,也是最风趣、最神奇的教授。

多样化的课程和教学方法,各领风骚的耶鲁教授

耶鲁法学院仅仅秋季开出的课程就有近 80 门,课程的涉及面很广,不仅仅是国内法学院常见的纯粹实体法或者程序法课程,还有很多跨学科的交叉学科,像法律和经济、法律和文学、女性主义和经济公正、性别和法律、法律和医学,等等。课程之外,耶鲁法学院还有不计其数的各种讲座、学术研讨会。

不仅课程开得多样化,教授也是多样化的,有耶鲁法学院本身的教授,有从其他名牌法学院请来的客座教授,也有临时来耶鲁访问的各种名人、官员、学者。教授们的授课风格也因人而异,各有所长,各领风骚。按照我们的辅导员 Bob 的说法,美国法学院和欧洲法学院教育的不同在于,教授的讲课不是太正式,可以被打断,是培养律师的一种教学方法,而欧洲是培养法官和政府官员。

耶鲁法学院的讲座之多,是我以前所没有领教的,就是在复习考试期间也不停止,而且一天当中有七八个或者更多讲座也不奇怪。仅以 2002 年 4 月 29 日星期一为例:中午 12 点半到 2 点,111 教室是世界银行副总裁、首席法律顾问 Ko_yung Tung 先生演讲"世界银行在促进法治建设中的角色和作用";下午 4 点到 6 点,122 教室是美国前参议员 Gary Hartyan 演讲"恐怖主义时代的政府重组";晚上 7 点,121 教室是曾经在国际法院工作的 Pietter Bekker 博士谈国际法的实践。

耶鲁学术活动中的小组专题讨论(Panel Discussion)也让我印象颇深,很有启发。专题讨论一般讲台上的发言人是三到五人,通常是各个领域的学术领袖,时间在一到二个小时,不管你是多么有名的大学者,每人就是 15 分钟,非常紧凑,精华都必须在 15 分钟里呈现给你的听众,是一种极高水准的学术讨论会。不像国内,有时听一个人的报告,要听两个小时,听众往往打瞌睡。2001 年 11 月 3 日

127 教室的墙上挂着神态各异的法官肖像,是另一种形式的法学教育和启蒙。

下午法学院院长组织的关于“9·11”事件的讨论会，就是这样进行的。这样，短短的一两个小时里可以听到几种不同的声音和观点，不同的视角，有分有合，有异有同，有争吵有合作，辩论之中不时有精彩片段，高潮迭起，十分过瘾。

春季学期我们选修的 Burt 和 Allen 教授的医学、生物技术和法律课上，老师则放映大量录像，通过强烈的感官印象来促进学生理性的思考。有一个案例我至今难忘，并时时促使我去思考生命的意义和本质。这个案例中，一个病人被重度烧伤，全身几乎没有一点好的部位，皮肤全被烧焦烧烂。治疗非常恐怖，病人被固定在一个特制的病床上，接受各种手术，护士用机器升降他的病床，将他放在大水池里面来替他洗澡。整个画面上被捆绑在病床上的病人没有一点声息，如同死人一般任人摆布。我们看到那样惨不忍睹的场面，觉得放弃这个生命才是人道的、维护人的尊严的。可是录像最后显示给我们的画面却让我们震惊。病人经过如此复杂、细心的治疗，最后部分地恢复了自己生活的能力，并且对生活充满希望和信心。全班同学都默默沉思。我又开始怀疑自己最初的感觉，觉得生命是世界上最珍贵的东西，不到最后一刻，不可以说放弃。

医学、生物技术和法律课上大家讨论、辩论得更多。因为第一学期的课程相对来说还是基础课程，像合同法和侵权法，都有自己一整套的规则。可是医学、生物技术和法律却完全是一个全新的领域，一切都还处在摸索探讨阶段，所以很多时候都是学生在互相辩论，或者学生和教师在互相辩论。记得 4 月 30 日讲人工流产问题，干脆就变成了模拟法庭——两个教授变成了律师，学生变成了法官，课堂就变成了法庭。为到底国会是否应该让流产合法化,争论不休,教授和学生抢着发言,学生就会阻止教授,开玩笑说:"你现在是律师,要听法官的。"

只要有教授讲课精彩的,我的室友芭芭拉回来就会向我和 Aida 大叫"Super!"而耶鲁法学院最年轻、最英俊的 Yoshino 教授就是这个"Super"之列的。这位耶鲁最年轻的教授开设的"文学和法律"也是我感兴趣的一门课程。可是我想我没有英美文学的基础,讲得再好也是听不懂,加上时间上的冲突,所以没有选他的课程,只是每次吃饭的时候听我的同学们眉飞色舞地描述这位大才子的风采。

2002 年春季学期里法学院的副院长 Eskridge 教授开了一门"Sexuality,Gender and the Law"的课,也是一个热门课程,选的人很多,据我的同学说也是尤其的精彩。

也有极个别的课程,同学们会有很差的评价。有时一回宿舍,就会听见芭芭拉在嚷:"Terrible! Terrible!"还有的课程,一些同学是赞赏有加,另一些却是怨言满腹。我想大概和每一个人的个人兴趣爱好有关。

对耶鲁法学院的这些教授和课程,我个人的体验和经历非常好,我选的 8 门课程,教授都是不错的。所有教授都给我一个很深刻的印象,那就是,耶鲁是法律经济学和宪法的摇篮,什么课程都与经济分析和宪法联系在一起。

就教学方法而言,耶鲁法学院和其他法学院一样,以案例教学法为主。教授们又大多喜欢用"Suppose..."来折腾学生,让学生先糊涂苦恼一阵子,再来体会豁然开朗的精妙。中国大量的案例教学方面的教材是“以案说法”,是用案例来解释成文法条文在实践中的运用,或者有的教授愿意用“以案说法”的方式来评析一个案件的判决是否符合现行法律规定或法理。美国式的案例教学法的宗旨和好处,就我个人的思考和观察可以归纳成两点:训练律师开放式的思维能力和敏捷的抗辩能力;培养学生独立思考、不人云亦云的个性。

除了训练学生以外,公开、透明、供后人反复评价研讨的判例法和判例教学法,也都是遏制司法腐败的有效手段。我们上合同法的127 教室里面有很多法官的肖像,每次教授讲到某个案件,如果审理该案件的法官的肖像正好在我们的墙上挂着,教授就会以敬仰的口吻,带着敬仰的眼神,指着墙上的一幅肖像,说:“这就是 100 年前我们睿智的大法官。”你是要遗臭万年还是要流芳百世?如果法官知道他的判决要给一代又一代千千万万的法学院学生和教授去评判研究,即使人情案件,也会尽量在理论上自圆其说。人是有荣誉心和耻辱感的,谁也不想遗臭万年。到耶鲁来之前,有一个法官对我说,他有一个人情案件在手上,感到很头痛。我想,这位法官至少想到要在理论上找依据来判这个案子,而不是“我就是判你输,你有什么办法?!”判例公开化、重视判例法和判例教学法也许将会推动中国的司法改革。

二、细雨润物悄无声——耶鲁法学院的思想品德教育

耶鲁法学院没有像中国法学院一样的思想道德课。我常常想,

他们是用什么方法培养学生良好的道德素质的呢?耶鲁法学院一年的生活使我了解,原来他们的道德教育虽然没有一门单独的课,却无处不在,无时不在。而正是这种宽泛、自由的思想品德教育造就了一个友爱、宽容、热情、平等的耶鲁法学院。

2001 **年** 9 **月** 7 **日,星期五**

来到耶鲁的每一天,我都在感受着自己放弃教授来法学院读书的决定是如此的正确。和这些精神大师们面对面的思想交流和接触是一种无上的荣光和精神世界的升华。

今天听 Harrison 教授的法律文书写作课。这是给新生的开学培训中的一个项目。我激动得胃痛。耶鲁大学法学院是如此独特,耶鲁大学法学院的教授又是如此独特。

本来是一堂非常枯燥的法律写作课,我猜想着一定要讲写作的方法和技巧,却没有想到教授花了很多时间来讲他念了十几年博士才拿到学位的有趣经历。从 1968 年到 1987 年他花了 19 年才做完博士学位论文。他讲了一些事例,提高学生对枯燥的法律写作的兴趣和信心。又说,法学院的图书馆是一种对学生的服务,我们应该尽量地享用。法学院的教授也是一种服务,我们应该尽量地享用。同时安慰大家说,从来没有人在耶鲁法学院不能毕业的(Nobody fails from Yale Law School),要我们对接下来一年的学习不要太紧张。

不经意间他已经转换了话题。接着,教授讲了一个故事,讲的是一个忙碌无比的律师在朋友的儿子遇难后决定放弃自己忙碌的工作赶到现场,给朋友以安慰和鼓励。朋友自然是无比的感动。当他讲这个故事时,声音是哽咽的。他想表达的观点是,当别人需要你的时候,你就在那里。所有的内容都围绕一个字:爱。虽然记不全这个故事,可是教授经典的一些话语还有印象:“Thank you for just being there.”“ Don’t put each other down. Let’s stand together. ”“Someone says it is not possible to make one being capable of loving or being loved. But I believe that everybody can be a lovable person because I love you. ”

黑头发、黄头发,白皮肤、黑皮肤、黄皮肤,都站起来了,这里没有国界,没有种族,没有肤色。在耶鲁大学法学院这个神圣的礼堂里,掌声经久不息,一个本来是十分枯燥的法律写作课居然被他上成如此动人的一个爱心教育课。我的眼眶湿润了,教授再次站到讲台上和学生一起鼓掌。我自己也是一个老师,自认为还是很受学生欢迎的,可是我没有感受到过来自学生的如此的激情、如此的感动。

2001 年 9 月 10 日,星期一

今天第一次上侵权法。Calabresi 教授非常和蔼。他有时在教室里来回走动,有时坐在高高的讲台上。他先把他办公室的联系方式写在黑板上,也把家里的电话留给我们,以防紧急情况下可以联系。我已经不记得他第一堂课的内容,可是印象里面无非是在讲友爱、互相帮助和宽容。他讲了一个故事,说有个学生在复习考试期间凌晨 3 点给他打电话,说丢了侵权法的笔记,着急得不得了。教授安慰他说可以延期考试,或者给他再讲一遍上课的重点内容,学生就是不能平静下来。后来,教授问他笔记是在哪里丢的,学生说是凌晨 1 点从纽约回来的火车上丢的。教授告诉他那就不用担心了,因为没有人会去打扫那最后一趟列车,早晨可以去拿回来。记得教授最后说:"To be a good lawyer and human being, you should love each other. Nobody fails from Law School. You are here because you deserved to be here." 又是一堂爱心教育课。

2001年12月22日,圣诞节前夕

Harrison教授的一封标题为"Holiday Sermon"的邮件飞到了所有学生的电子信箱。他在信中安慰我们考试不要着急,利用这个难得的节日好好地和家人团聚,等我们回到耶鲁,他的礼物就在我们的信箱等着我们。

谁要求他给一年级新生和研究生写这封信的?没有人,是他自己。教授送给法学院学生的礼物是一本讲人生故事的书——米奇·阿尔博姆(Mitch Albom)所著的《相约星期二》(Tuesdays with Morrie—An Old Man, a Young Man, and Life's Greatest Lesson),是一个身患绝症的美国社会学教授临终前给他的学生上的最后的人生课,上海译文出版社1998年就出了中文版本,余秋雨先生还为该书写了一篇很长的序言,推荐给中国的读者。

我们有26个LL. M.研究生,180个J. D.学生,他要花时间去订购这么多的书,每一本书要21美元,花钱,花时间,花精力,没有任何的回报。读着Harrison教授的信,看着他送我的书,他的字迹是有点龙飞凤舞的,书上满满一页的题词我虽然不能全部辨认,但是我仍然可以清晰地读出他那种胸怀博大的爱和关怀。

身教胜于言教。耶鲁的很多教授都在身体力行着中国的这句古训。在整个一学年专业课程的学习中,教授们无时不以自己的言行在进行着思想品德教育。从开学到毕业,教授们在传递同样的信

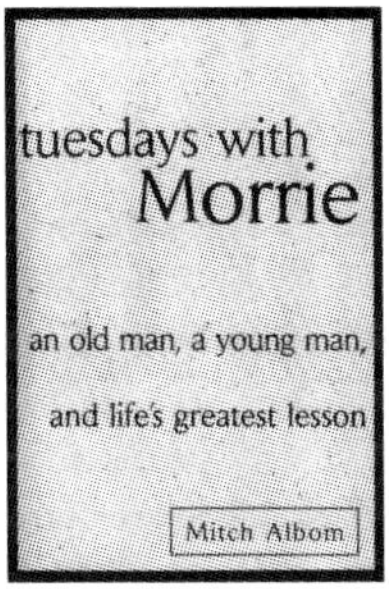

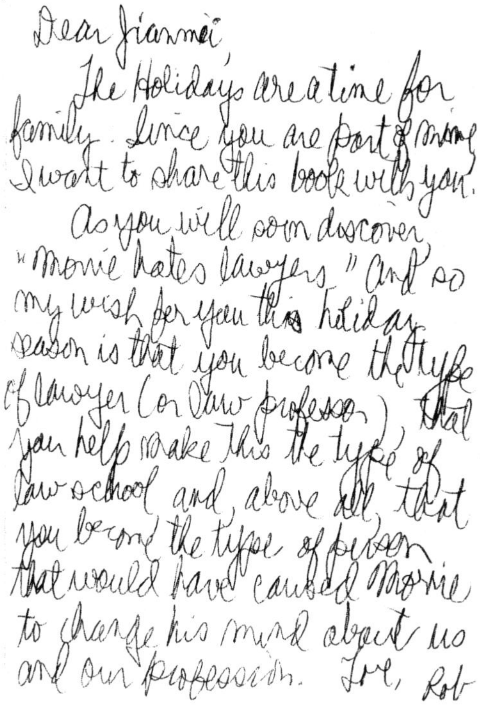

Dear Jianmei,
The Holidays are a time for family. Since you are part of mine I want to share this book with you.
As you will soon discover "Morrie hates lawyers." And so my wish for you this holiday season is that you become the type of lawyer (or law professor) that you help make this the type of law school and, above all, that you become the type of person that would have caused Morrie to change his mind about us and our profession. Love, Rob

《相约星期二》的扉页 Harrison 教授的题词是一堂特殊的思想道德课。

息:爱和关怀(Love and Care)! 好像是一部事先编导过的爱情故事,只不过这里演绎的是更加宽泛意义上的爱情,是一种更高层次上的人性之爱。Care,不只是关怀和关心你自己,而是 Care 你的朋友,你的同学,你的教授,你的法学院,你的社区,你周围的一切,你所在的国家,整个社会。

2001 年 9 月刚开学的时候,我们学习上压力非常大,我们的辅导员 Bob 非常耐心,从日常生活到学习方法到参考书给我们一一指点。有一周,他祖母身体不好回家去探望,听说我心情不好,千里之外还不忘给我写信安慰和鼓励我。这些充满友爱的信件,连同 Harrison 教授的《相约星期二》,至今仍是我的书架里面最珍贵的礼物。

记得 2002 年 3 月 19 日上午我去找 Guido 的秘书苏珊问侵权法的成绩什么时候出来。没有想到,当天下午 5 点多的时候,Guido 竟然亲自打电话到我们研究生宿舍,告诉我他会很快把成绩改出来。这点小事情也让这位日理万机的大法官放在心上,我既感动又惭愧。

2002 年 5 月 27 日,法学院毕业典礼的演讲者 Jean Koh Peters 教授的演讲是以引用法学院一位学生的信来结束的,这位学生在信中写到他开学时第一次聆听 Harrison 教授的法律写作时的感受,他写道:

I was expecting to hear an unmemorable introduction to legal research and writing, instead I got —we all got a tear filled lesson on caring and love, (about loving one another) that I don't think any of us will soon-or ever-forget. I certainly won't. And then Rob followed this up (by signing every email) "love, rob" and (for Christmas giving each member of the class a hand-inscribed copy of) Tuesdays with Morrie.

这位学生接着写下了这样一段对律师职业充满人文理想的话语:

If we could all mix love and the law this way, become lawyers who see our mission as one of love..., who see not clients and adversaries but rather see always people, then I know that our class will have been one for the books. And one that will add immeasurably to our profession and our world.

耶鲁,这个没有思想品德教育课的法学院,就以这样独特的方式在进行着对学生的思想品德教育,不是必修课,也不是选修课,因为你修了它也拿不到任何的学分。教书的人是自愿地、义务地在教,学生也是自愿地、自觉地、不经意间在自然地学,是一种潜移默化。教材就是活生生的人,Harrison 教授、Guido 本人都是一本编写得十分精彩的思想品德教材,而且这门课程还是免费的。因此,谁愿意错过这个大好机会,不学不修这门课程呢?事实上,不但是修,还修得特别认真,讨论得特别激烈。

我还记得 2000 年 10 月在上海参加一个知识产权的国际会议上,有幸和世界知识产权研究院院长 Sinjela 博士一起去参加瑞典领事家的晚宴,闲谈之间,发现他是耶鲁大学法学院的高才生,一个风趣、机智幽默的人,他的演讲极其受欢迎。一个身居高位的人,一点架子也没有。那天的聊天中,这位耶鲁法学院的高才生给我印象最深的观点是,他说要想有一个好的谈话,必须是你和别人谈话,不是你对别人说话,"Talk with somebody, not talk to somebody"。Sinjela博士正是耶鲁培养出来的人物。

是的,在耶鲁法学院每一个学期开设的八十多门课程里面,没有思想品德教育这一门课程。可是这门课程从你踏进耶鲁法学院那扇古老典雅的大门就开始了,并顽强执着地贯彻始终,从学前培训、开学典礼、侵权法、法律文书写作、"9·11"事件、毕业典礼,法学院的大师们无时无刻都没有忘记要讲授这门特殊的课程。正是这种无所不在的品德教育,才使耶鲁法学院能够培养出大批具备胸怀天下、放眼世界的政治家。

细雨润物悄无声。这就是我在耶鲁所受到的思想品德教育,一门没有学分也永远修不完的课程。

三、耶鲁法学院的考试和评分制度

耶鲁法学院的考试很辛苦,要不然这学位大概也早就没有价值了。可是比起任何其他的美国法学院,耶鲁法学院又算是最轻松舒服的一个。因为耶鲁法学院并不是十分看重分数;而且耶鲁法学院的考试制度也是很独特的。非亲身经历,真是难以相信,世界上原来还有这样的考试方式。

常常听老生说这句话——"这里是耶鲁!"语气中是情不自禁的荣耀,压抑不住的自豪!我发现耶鲁人在两种意义上使用这句话。

首先,耶鲁是一个了不起的地方,成就梦想的地方;其次,耶鲁是一个极其自由的地方,没有不可能的事情,你可以做任何你想做的事情。

就考试方式来说,耶鲁法学院确实自由。有些考试有固定的时间或者地方,像侵权法和合同法;有的课程只要是在考试阶段,随便你自己什么时候考,随便你在什么地方考,在教室、图书馆或者回家考,都是可以的,只要在规定时间将你的答案软盘交给教务办公室就好了,像版权法。所以,同样的一门课程,同样的考试题目,每个学生的考试时间完全不一样。而且与中国法学院大不相同的是,绝大部分是开卷考试,原则上没有人监考,即使是少数的闭卷考试,也是你自己监考你自己。没有老师监考,给你完全的自由,百分之百的信任。你自己的道德品质在当监考老师,不可以违反规则,要绝对诚实。

在这样绝对信任的体制下,我相信很少有人会违反规则,否则就意味着你自己将自己从耶鲁法学院开除了。这样的考试方式是建立在绝对信任和自律的基础上的,有一个人违反规则就使制度失败。如果在这样的法学院,还要考试作弊,简直是对法学院和你个人的一种侮辱,也说明你不配从事律师这一行业,也根本不配进入耶鲁法学院。

有些课程尤其是研讨课的考试更加自由。医学法可以自己写一个题目来作为考试题目。1000 多页的阅读材料我一个月也复习不完,可是我自己来编考试题目,我就可以选一个我最熟悉的题目来考。

给学生方便是另一个特色。圣诞前我去找一位老教授谈论文,顺便说到我要回中国去看女儿,但是很快就会回耶鲁。他问为什么,我说因为要参加 Kronman 教授的合同法考试。他听了不以为然,说:"你应该多陪陪你的女儿,你可以回中国前把合同法的考试题目带回中国去考试。"我听了愕然,难道陪我的女儿可以比参加考试重要? 我这个在中国的法学院规规矩矩生活了 20 年的人实在不认为这是一个合理的做法,连忙感谢教授的好意,表示要回耶鲁来考试。可是教授大概认为我是不好意思向 Kronman 教授提出这个要求,所以很热心地要帮我打电话。我心想,我可不能开这样的先例,赶紧向教授解释说,我是真的愿意回耶鲁来考试,不愿意在中国考。

我们的辅导员 Bob 总是说,这是耶鲁,什么也不用担心,没有人不毕业,也没有人考试通不过。什么事情都可以商量的,什么事情都是可能的。这正是耶鲁与众不同之处。

平心而论,耶鲁这样的考试制度应该说是非常合乎人性的,尤其是对将来要从事法律职业的人,是最好的一种诚信的培训和教育,而且最大化地节约了教师的时间。想到在国内,一到考试季节,每一个人都忙于监考,苦不堪言。考场纪律反复交代,三令五申,照样有学生作弊。如果哪一天中国的法学院可以建立像耶鲁法学院一样的考试制度,自己做自己的监考老师,大概才是法学教育最终的成功。

不仅考试方式宽松,耶鲁法学院的评分制度在美国的法学院中也是独树一帜的。在回国前我专门到法学院教务办公室了解考试评分制度的历史来源和演变历程。①

1843—1950 年 9 月(数字化记分):

80 – 100 = Excellent 极好

73 – 79 = Good 好

65 – 72 = Satisfactory 满意

55 – 64 = Low Pass 基本通过

0 – 54 = Failure 不合格

1951 年 9 月—1955 年 9 月:

E = Excellent 极好

G = Good 好

S = Satisfactory 满意

F = Failure 不合格

1956 年 9 月—1958 年 9 月:

A = Excellent 极好

B = Superior 优秀

C = Satisfactory 满意

D = LP(Low Pass)基本通过

F = Failure 不合格

1959 年 9 月—1968 年 6 月:

A = Excellent 极好

---

① 感谢教务办公室的工作人员在学期结束的繁忙时刻还抽空帮我整理这么细致的资料,这些普通工作人员的所作所为也使我对耶鲁法学院的点点滴滴感激不尽。

B、B + = Superior 优秀

C、C + = Satisfactory 满意

D = LP(Low Pass)基本通过

F = Failure 不合格

1968 年 9 月到现在,耶鲁法学院的成绩采用以下方法:第一学期,所有学生都是学习同样的课程,没有具体成绩。只有两种:

CR = Credit 合格或者通过

F = Failure 不合格

从第二到第六学期,成绩统计用的标准如下:

H = Honor 荣誉

P = Pass 通过

LP = Low Pass 基本通过

F = Failure 不及格

极少有人会得 LP,更加没有听说有人考进耶鲁法学院却不能毕业的。大部分人都是通过。

从以上资料的分析中,不难看出,耶鲁法学院一直在想着如何减轻法学院学生对成绩的重视,采取越来越模糊的记分标准和方法。这个从量化到模糊的制度的目的是减少学生为了成绩而可能产生的恶性竞争和压力。

四、耶鲁法学院学生和院长教授们一次激烈的思想交锋

2002 年 4 月 23 日,星期二。这天晚上是耶鲁法学院院长和学

生之间的一个公开讨论会议(Town Hall Meeting)。尽管面临毕业和期末考试的压力,每一个人的时间都非常紧张和宝贵,可是每天都可以感觉到学生们在为这次会议做充分细致的准备。信箱里面有各种关于这次会议的宣传资料。耶鲁法学院有各种各样的学生组织,很多的学生组织都在为此忙活。15 日,Kronman 院长也给全体学生发信,邀请大家参加。23 日上午,耶鲁法学院妇女组织(Yale Law Women)再次给全体学生发信邀请大家参加这次会议。学生组织事先还做了很多调查,提供了许多数据:

- 五分之一的法学院学生至少有两个学期没有女性教师为他们上课;
- 尽管法学院女生人数是法学院学生的一半,可是只有 23% 的女性教师;
- 有 10% 的拉丁美洲学生,可是没有拉丁美洲的终身教授(Tenured Faculty);
- 2001 年被任命为教授的 Amy Chua 是第一位女性终身教授,也是耶鲁法学院仅有的一位有色女性教授。

虽然耶鲁法学院一向是自由、快乐、轻松的地方,可是当我走进礼堂,感觉会议的气氛还是非常的严肃。坐在主席台上的院方代表有五位——Kronman 院长、Bill Eskridge 教授、Jim Whitman 教授、Anne Alstott 教授和 Harold Koh 教授。礼堂里面挤满了学生,根据第二天的新闻报道,参加会议的学生大概超过 250 人。两个走道上都架着供学生发言和提问的麦克风。

会议的主要议题是耶鲁法学院教师队伍的多样化(Diversity of

Faculty)。法学院的学生要求法学院实现全面的多样化,包括教授肤色多样化、性别多样化、教学方式和内容的多样化,要求耶鲁法学院不仅仅是重视学术,同时重视实践教育。至于教授的多样化,则要求有女教授、黑人教授、来自拉丁美洲和亚洲的教授。学生们认为,耶鲁法学院是全美国最好的法学院,培养的学生是要改变社会的,所以这个法学院一定要有最民主的管理方式和多样化的教授。学生要参与耶鲁法学院教授聘任委员会,法学院院方要信任学生,委员会里面必须要有学生的声音,要求院长们在决定聘请教授时向学生咨询一下,听听学生的建议和想法。

教师多样化联盟(Coalition for Faculty Diversity)的学生代表提出了一系列的建议和要求,他们特别要求法学院领导同意两件事情:一是在2002年9月10日前制订出具体的行动计划和行动时间表;二是建立一个关于教师多样化的学生教师委员会(Student-Faculty Committee on Faculty Diversity)。学生代表出示了有376名法学院学生签名的要求增加教师多样化的请求书。当学生代表念完他们的建议,下面的学生吹着口哨欢呼着。

这个会议从形式上看基本上是学生和院长们的平等的协商和对话。会议的开法有点像大家常常在电视上看到的国会讨论,有人提出议案,有人进行进一步的解释说明,也有严厉指责法学院的各种管理政策的,有激烈反驳的。有些一年级学生不过二十刚出头,非常年轻,麦克风里面传来的声音还有些微微的发颤。不过,我想这些辩论的机会可以为他们走向社会、成为将来华盛顿国会山里面真正的议员打下良好的基础。

会议持续了大约两个半小时，有五六十个学生发言。有学生抱怨说："四个学期都没有女教授教过我。我们需要看到你们的行动，请你们利用假期的时间认真考虑这些事情，给我们答复。"有个黑人女生冲上来，大声宣布道："我今天来参加这个会议是为了表示我的愤怒。1999 年我就提出过教授多样化问题，你们说没有找到一个合格的黑人女教授。2002 年，还是没有一个黑人女教授。作为一个黑人女生，我要求法学院有一个黑人女教授，我可以和她聊天。"最后，她愤怒地吼道："我付了 9 万美元的学费，我有权利要求一个黑人女教授来教我。"台上的五位教授鸦雀无声，台下掌声雷动。当她结束发言，所有的学生都站起来向这位黑人女生欢呼鼓掌，目送她走出礼堂，好像是欢送一位勇敢的英雄。

还有一个白人男生抱怨教授们向学生提供的服务不够，他要求教授不仅仅是指导写论文，还应该是学生各个方面的顾问。他说，教授不应该是当学生选他的课程或者写他的论文时才可以找得到或者接近(available)，教授和学生的交往不应该是这种模式——"I will write a paper for you. Let's have lunch tomorrow."

Kronman 院长对学生提出的教授多样化问题作了一些解释。他说，我们不能强制退休，现在耶鲁法学院已经有 47 个全职教授，8 年中，我们聘请了 7 个终身教授。但是学生们好像不满意法学院院方的解释，不断有学生冲到麦克风前面去提出各种批评和质疑。关于 9 月份做出一个行动计划的提议，Kronman 院长回答说，在夏季结束之前要求他和他的同事制订出详细的行动计划不是太现实可行，他承诺他会认真考虑这一问题并在秋天提供一个报告出来。

其实耶鲁各种行政事务办公室已经齐全无比,而且真的是提供一种服务而不是管理。我没有想到在服务设施如此一流的世界级法学院,学生竟然还有这么多的不满意和抱怨。

第二天,当地的许多新闻媒体对耶鲁法学院的这次会议做了报道,一时成为校园一大热门新闻。当天下午,正好遇到一起上医学法的一年级美国博士杰森,他对昨天的会议也有兴趣。谈到耶鲁法学院的行政管理和服务,他说,耶鲁好像就是一种商业(Business),我们付了这么多钱,我们就是消费者,我们应该得到我们所想要的服务。关于多样化问题的讨论,杰森认为关键是权力的界限划在哪里,是学生还是这些教授和行政人员更加多地享有权力。他自己对耶鲁法学院主要的不满是觉得有的教授教学不好,也许科研不错,但是我们想要的是一个好的老师。我觉得杰森的观点也没错,对于学生来说,最需要的确实是一个好的老师,而不是一个只会写论文和专著的学者。

与中国法学院的管理模式和学习氛围相比,耶鲁法学院已经是一个我们要学习的榜样了。就课程来说,2001~2002 学年法学院本身开设的课程就有将近 80 门。在行政管理上,追求平等、民主,极力培养教授和学生之间、学生相互之间、行政人员和学生之间互相的理解、关怀和友爱。无论教学还是考试方法、评分方法都是在最大程度上给予学生信任、民主和自由。教授们对于学生的问题也是耐心回答,并且你还可以与不同的教授约会来讨论学习、考试或者一些心理和生活上的问题。中国的一些法学院由于受经济条件的制约,教授连办公室也没有,根本就谈不上到教授的办公室去请教问题了。有的教授非常忙，对于教学也没有太大的兴趣，下了课夹着讲义就走了，学生很少能找到他们。就是我自己，自认为对学生还算关心，对教师这个职业还算尽心尽职，可是和很多耶鲁的教授，尤其是像 Harrison、Guido 这样的教授相比，也是非常惭愧的。我这个在传统家长式管理模式下成长的中国人，真有一种感觉，耶鲁法学院的学生是身在福中不知福。

多样化问题讨论的最终结果我没有再做仔细的跟踪和调查，不过 2002 年 5 月底的时候收到耶鲁法学院的电子邮件，信上说，Koh 教授已经请教师多样化联盟在暑假里面对来自少数种族的教师候选人做一些调查研究，看看他们所发表的论文的质量，看是否有人符合耶鲁法学院教师资格，信里欢迎对这个项目有兴趣的学生报名参加这个研究项目，看来 2002 届学生毕业后教师多样化问题照样后继有人。

五、古典精致的耶鲁法学院大楼[①]

耶鲁法学院是被四条街道包围起来的一个长方形的、封闭的建筑群，由好几栋楼巧妙地组合在一起，从外面看起来就像一个古代城堡。这座城堡里面包括了耶鲁法学院的教室、图书馆、餐厅、各种

① 感谢 Mike 副院长在繁忙的工作之余为我耐心介绍耶鲁法学院的一砖一石，不但为我耐心介绍，还陪我在整个法学院走了一个遍，从图书馆到餐厅，从教室到办公室，从花园到大礼堂，甚至洗手间。

Wall Street

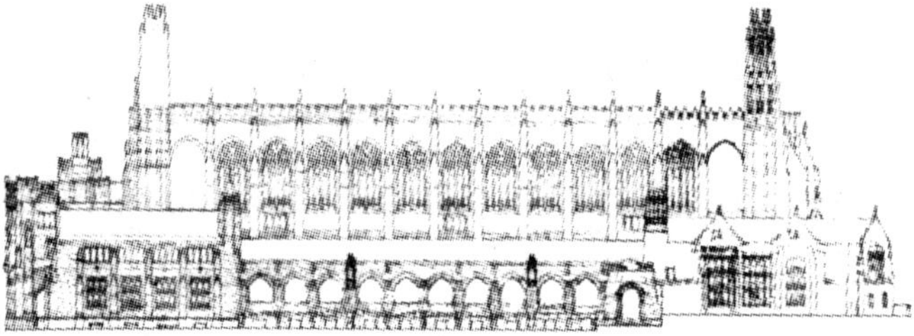

High Street

Grove Street

York Street

耶鲁法学院建筑素描

摘自"A Self-Guided Tour to the Yale Law School"

穿过耶鲁法学院椭圆形的大门，步入法学院这条深邃、幽静的走廊，就来到了耶鲁法学院的学术殿堂。

走廊两边的木墙都是1930年的时候德国的木匠做的，这些木墙上每一个雕刻上的丝丝尘埃都是历史。

像 Wall 街 127 号法学院正门上面,就有耶鲁人引以为自豪的两幅石雕。一幅是教授在台上激情洋溢地授课,而学生们在台下自顾自地呼呼大睡;另一幅则是教授在台上怡然自得地呼呼大睡,而学生们在台下激烈论战。

耶鲁法学院一楼餐厅玻璃窗上,孔夫子在遥远的大洋彼岸注视着我们。

大小会议室、教授和所有行政人员的办公室、学生小书房、学生宿舍，一个可供师生休闲、聊天、娱乐的庭院。

耶鲁法学院的正门在 Wall 街 127 号，后门在 Grove 街上。就地理环境而言，耶鲁法学院处在整个耶鲁大学的中心。校长办公室、耶鲁大学 Sterling 图书馆、耶鲁大学书店、体育馆、贝内克图书馆、研究生宿舍等都在 3 ~5 分钟步行路程之内。而且旁边的 York 街上到处是咖啡馆、食品店和各式各样的餐馆，所以住在法学院生活十分方便。

从外部来看，耶鲁法学院的建筑风格和整个耶鲁大学的建筑风格是相吻合的，是一种古老的哥特风格的建筑。耶鲁法学院的里面，却是别有洞天。2002 年 6 月，我专门采访了法学院的副院长 Mike K. Thompson 先生。

我相信，耶鲁法学院没有一个人比 Mike 更加熟悉这个城堡，这栋楼就像是他的孩子，每一块砖，每一堵墙，每一个教室，每一块玻璃，甚至每一个洗手间，他都记得清清楚楚。

耶鲁法学院现在这栋楼始建于 1929 年 8 月。要建造一栋供法学院学生学习和住宿的楼群的计划很早就有校友提出，一直到耶鲁校友 John W. Sterling 向法学院捐赠 500 万美元用于大楼建造后，这个计划经过法学院院长 Thomas W. Swan 教授的审慎考虑才开始进行。

法学院大楼的总体风格有点像英国的牛津，在具体设计和装饰上则大量使用石雕、木雕和玻璃浮雕。这些雕刻有人物，如法官、律师、犯人、警察、当事人；有建筑物；有动物，如鹰；有象征法律和正义的标志;有很多与刑事审判或者监狱相关的一些小工具或者物品,如监狱看守的钥匙、手铐、法官的假发和小木槌;大礼堂里面的雕刻还有美国所有州的印章。70年前,设计者们希望在建筑艺术和装饰艺术上能够在庄重的同时有一种幽默、戏剧色彩。

至于一楼餐厅,则更是雕刻精华所在,壁炉上方是代表正义和法律的石雕,靠院子第一幅人物竟然是中国的至圣孔子像。在这里吃了一年,要不是Mike提醒,我从来没有想到我们的孔夫子竟然在大洋彼岸注视着我们。在二楼的教师会议室,玻璃浮雕庄重地刻下了六位康州的历史人物——美国独立宣言和美国宪法的签字者,他们是Oliver Wolcott、William Williams、William Samuel Johnson、Roger Sherman、Samuel Huntington和Roger Sherman。

有意思的是,在随处可见的玻璃浮雕上,还有很多反映人类生活和心理的雕刻,像战争、仇恨、爱情、贪婪、热情、悲哀,等等。

虽然法学院建造的时候并不是按照博物馆来设计的,而是一个可以用来供教授们教学、学生们舒适地学习、生活和娱乐的地方,可是它精致的设计、细致又复杂的雕刻装饰、加上那些优秀的手工艺人的精湛技巧,使得这栋楼在哥特风格的建筑里面仍然是别具一格,很有建筑上的审美价值。法学院正门到后门的悠长的走廊两边的木墙都是德国的木匠做的,十分精致。同时又由于这栋楼的雕刻记载了许多法律发展史上的重要人物,像马歇尔、霍姆斯,还有其他国家的文化名人,像中国的孔子,因此有具有相当高的历史和文化价值。

在法学院大楼,无论抬头、低头、左看、右看,都是珍宝和历史,

一楼校友阅读室的书全是法学院校友写的，包括法学院的教授们，同时墙上都是耶鲁法学院那些无上荣光的校友。

基本保持了1930年原貌的餐厅。

墙上、玻璃上到处是对法律做出了巨大贡献的人。法学院大楼本身其实在有意和无意之间也反映了法学院的哲学、文化和精神。

正因为这栋楼如此珍贵，所以六十多年后，由于法学院的发展而需要重新装修大楼时，法学院成立了一个专门的大楼装修委员会，希望能够保持1930年的原来面貌。因为装修工程非常浩大，加上不能影响教学，所以只能在假期、早晨、晚上进行施工，整个装修工作从1994年开工到2001年1月最后完工，历经七年，耗资巨大，装修共花了1.1亿美元。一位朋友到耶鲁法学院参观后，惊叹道："耶鲁就像皇宫一样，洗手间都富丽堂皇。"这虽然是有一些夸张，不过装修后的大楼确实舒适豪华，还添置了很多新的家具，一楼餐厅里面的一把普通的椅子竟然就要400美元。关于洗手间，我倒是有印象，有一个女洗手间，地面铺得五颜六色，还有上好质地的沙发，感觉像个会客室。

Mike对于大楼装修工程如此浩大却基本上完好地保留了1930年的建筑精华，尤其那些玻璃雕刻而深感自豪。每一处变动都在他的大脑里面，他说起来如数家珍。现在的129教室是原来的131教室和招生办公室合并而成。现在的餐厅的风格基本是1930年的原貌，只是大部空间在1930年的时候是学生学习的地方，他们叫作"Common Room"，后来因为学生不断增加，才将其扩建；里面的吊灯还是1930年的，只是为了安全而换了电线。127教室和三楼楼梯周围的很多肖像原来都是挂在三楼图书馆阅读室的，后来法学院大楼装修要装空调，就把这些肖像搬到127教室。L1国际图书馆的桌子还是1930年的，看起来和新的一样，不曾想已经有70年的历史。

二楼原来图书馆工作人员的办公室,因为办公条件差,没有窗户,所以为了给他们更加好的工作环境,把办公室搬到了 L2,Mike 在计算机房指着现在的办公室,满脸的欣慰与自豪。

一楼天花板上很多孔一样的东西我一直不知道是什么,Mike 说是装修后新增加的防火设备,他们在楼里面埋了很多管子,有火灾就有水可以从那些小洞出来。

法学院的园子里面有一个雕塑是用来纪念耶鲁法律杂志 100 年的。这个园子是法学院师生休憩闲聊的另一个好地方。每天都可以看到学生在园子里面悠闲地晒着太阳,吃着冰淇淋,聊着天,满脸幸福的样子。法学院学生有时也在这个院子里面演出自己排的话剧。大家都很喜欢法学院这个园子。我们的毕业典礼就在这里举行。

将来你到美国,别忘了找机会到耶鲁法学院参观,这栋不是博物馆的大楼一定会让你如同身处博物馆。

05

第五章

抽签在耶鲁
——耶鲁精神和文化观察

Chapter 5. Lottery at Yale

一、耶鲁精神和文化素描

可以用来描述和形容耶鲁大学与耶鲁法学院精神和文化的词语很多,独立、自由、民主、平等、友爱这些形容词大概是在耶鲁学习过的人都会有所感受的。在前面四章,读者多少可以领略到耶鲁法学院精神和文化中的这些特征。在这一章,我愿意和大家分享更多的观察。

对于耶鲁的独立精神,孙康宜教授在《耶鲁与哈佛》一文中有很好的描述:

> 作为哈佛的对立面的耶鲁,在许多方面都希望能建立一个新的独立传统。所谓“耶鲁精

孙康宜教授，美国著名华裔汉学家，曾任普林斯顿东亚图书馆馆长，现任耶鲁大学东亚语文系教授，著有《耶鲁·性别与文化》《耶鲁潜学集》《文学经典的挑战》《我看美国精神》等。

神”至今仍被理解为一种争取个体的独立、为维护学术自主，即使付出代价也在所不惜的精神。这样的精神可以说与美国当初的立国精神十分吻合。然而，耶鲁多年来所坚持的这种固执原则，虽然使其获得美名，另一方面却也造成经济上极大的损失。例如，20 世纪 60 年代越战时期，美国政府下令：自称以道德或宗教理由反战者，一律不准领取奖学金的资助。当时美国诸名校——包括哈佛及普林斯顿——全都遵照政府的指示行事。唯独耶鲁坚守学术独立的一贯作风仍继续以申请者的成绩为考虑奖学金的唯一准则，完全漠视政府的规定。结果，耶鲁因此失去来自联邦政府的一大笔基金，经济上几度陷入困境。虽然如此，当时的耶鲁校长 Kingman Brewster 却成了一般知识分子心目中的英雄。至今人们仍念念不忘他当时所说的一段话——“最终一般社会上的人士将会了解：只有在学校拥有全部的自治权利、每个教师及学者皆有研究自由的条件下，整个社会才会有完全的自由与平等；而这也正是耶鲁真正的完整精神所在。”①

独立，直到现在都是耶鲁着重培养的一个精神。2004 年 1 月 6 日耶鲁大学校长和北京大学校长在中央电视台参加“对话”栏目。耶鲁校长 Levin 反复提到耶鲁长期以来的独立学术精神。他反复强调，一个好的教师必须激励学生，设法培养学生独立的思考能力。

讲究民主也是耶鲁的传统精神。2002 年 5 月 27 日，耶鲁大学法学院毕业典礼的演讲人 Jean Koh Peters 教授由学生民主推选出来

① 孙康宜：《耶鲁 · 性别与文化》，尔雅出版社 2000 年版，第 4 ~ 5 页。

的。而这位被学生民主推选出来的演讲人的演讲内容,也是通过几乎类似的程序形成的。Jean Koh Peters 教授 5 月初的时候给全体毕业生写信,征询演讲内容,学生可以在回信中说出自己在毕业典礼上希望听到什么,或者不希望听到什么。因此,我们最后所听到的 Jean Koh Peters 教授长达 7 页纸的毕业演讲"One for the Books"基本上是学生写给她的信的汇总:有对法学院的感激,有对某个特定的项目或者教授的好评,有对法学院的教师提出建议或者批评的。Jean Koh Peters 教授的演讲稿中专门提到以下几位学生的建议:

一位学生建议说:"教师应该不仅仅把学生当作思考者而尊重热爱,更应该把他们当作有血有肉的人而尊重热爱。"另一位学生建议说:"很多学术型的老师应该把更多的精力放在指导学生上,和学生在一起,改善教学方法。我们来到这里不仅仅是为了和发表了许多优秀学术论文的人分享这座大楼。我们来到这里是为了学习,为了建立联系,开阔眼界。"又一位学生建议说:"这里的教师只有三年的时间来教授我们他们认为这个世界应该是什么样子的,说服我们应该按照这样的设想来重建世界,因为在我们离开之后,很少再有可能像在校园里一样对话。三年的时间非常短,我希望我们的教授应该认识到,当他们每天走进教室的时候,他们有机会影响法律是如何被实践的。"还有一位学生建议:"教师们应该总是和善,而不是偶尔和善。"

这些建议从一个侧面反映出耶鲁法学院学生对于教师的高标准、高期待;另一方面也可以看到耶鲁法学院对于各种不同意见的高度重视,这是民主程序所不可缺少的——不同的声音应该被表达、被听到并且被重视。

让学生参与法学院的管理是法学院行政管理的一个特色，其实也已经是一个民主管理法学院的程序。2002 年 3 月 5 日，所有法学院学生都收到了一封来自 Stephen 副院长的来信。信中说，耶鲁法学院大楼的装修工作是在过去七年中不断完成的。很显然，原来对这座大楼的设计可能不能满足新的需求，为此，Kronman 院长已经指定了一个委员会来重新考虑大楼使用情况。为了帮助这个委员会进行卓有成效的工作，我们请所有学生来发表意见，看怎样才能更加合理有效地使用这栋大楼。

耶鲁人办事情在绝大多数情况下都是雷厉风行，极有效率，有问必答。我向国际事务办公室的 John D. Longbrake 先生要资料，电子邮件发过去，10 分钟以后他就把克林顿和希拉里的演讲稿发到我的信箱里了。2002 年 6 月 13 日我因为误了孙康宜教授的约会，所以晚上打电话向她道歉，顺便提到想用耶鲁代表团在北京访问的一张照片，她说要征得校长夫人 Jane Levin 女士许可。当天晚上打开信箱，就发现她已经向校长夫人 Jane Levin 女士要使用照片的许可了。

耶鲁人做事情又特别认真。美国 UB 基金会中国项目主任安妮女士几次和我提到，耶鲁法学院录取我以后，给她写了一封感谢信，感谢她的推荐。信里面说："每年都有五六百人申请耶鲁法学院，而我们录取的人极少。感谢你帮助我们做这么难做的决定。"安妮说："这个学校真是非常特别。很少有学校会给推荐人写感谢信。"

信息公开是耶鲁大学的另外一个特点，2001 年 9 月 1 日欢迎我们新生,吃的是比萨,我的先生在中国都知道,一切的信息统统可以在网上看到。

日常生活中,耶鲁大学到处充满了人文关怀,真是让学生尽可能地舒服,无论物质上还是精神上。我们开学的那一段时间里面,有父亲或者母亲、丈夫或者妻子、哥哥姐姐在这里陪读的,非常自由,到处可以去听课,问问题,又有免费饭吃,可以尽情利用这里的一切资源。

耶鲁法学院的上课气氛是非常自由、轻松,甚至可以说是舒适的。尤其是上研讨课程或者一些讲座,学生们以各种姿态坐在二楼教师会议室那块豪华得有点夸张的地毯上,背靠着那些质地上好的皮沙发,吃着草莓、哈密瓜,时不时地用几个问题来打断兴高采烈的演讲者,那种闲适真是令人羡慕不已。如果学习知识可以是在这样享受的一种环境中,我真是愿意当一辈子的学生,而不是教授。曾经对于有的留学生念博士念个九年十年还不毕业大惑不解,到了耶鲁才明白,原来做学生有时也是很享受的。

自由的耶鲁并没有使学生变懒。法学院的图书馆凌晨 2 点才关。虽然耶鲁大学法学院是全美国压力最小的法学院,没有期中考试,没有人不毕业,但是,凌晨我在图书馆转一圈,看到很多学生仍在埋头苦读。我常常想,耶鲁大学法学院能培养出那么多的名人,与它的教学和考试方式也有一定关系。耶鲁大学法学院录取的学生都是极其优秀的,自由宽松的环境使学生能真正学到自己感兴趣的和有用的东西。

2002 年 6 月 19 日,我从纽约肯尼迪机场登机,飞往阿拉斯加,转汉城，再飞上海，是一段遥远的旅程。在飞机上是没有时间概念的，最适于静读，就认真拜读临走前孙康宜教授送我的两本关于耶鲁的书，又增加了许多对耶鲁文化的了解。读到孙康宜教授《解读耶鲁——耶鲁创校300年》一文，发现耶鲁连何时建校都是一个大疑问，并且校庆日期不断更改，对于耶鲁这样一个世界著名的常春藤盟校，这简直是不可思议。我恨不能叫飞机掉转头飞回纽约去，让我重新来认识耶鲁，了解耶鲁。但是飞机照样在大洋上空向着东方航行。我给自己许诺，等我手头的工作稍微空闲，5年以内一定要到耶鲁再住一年，再一次认真观察和了解耶鲁的文化和历史。

从阿拉斯加到汉城的八个小时里面，我就这样一路看着耶鲁的风景和变故。可是，耶鲁的历史300年，耶鲁的故事千千万，谁又能穷尽呢？希望下面的文字从几个不同的角度多少可以让读者对耶鲁文化和精神有一些了解。

二、男女平等在耶鲁

平等观念已经深入耶鲁点滴的日常生活之中。值得一提的是，虽然民主、自由、平等观念在耶鲁是古老的历史传统，可是男女平等在耶鲁却是很近的事情，没有太长的历史。

早在1949年后，中国妇女在“妇女能顶半边天”的口号下就真的翻天覆地，开始和男性平起平坐。所以，等我有幸在2001年进入耶鲁法学院时，发现校园里面到处是昂首挺胸的女生，我们研究生中男生和女生的比例也是一半对一半，以为耶鲁这样一个文明所在,大概100年前就是这个样子的,却不知道30年前我们的前辈还在为男女平等而奋斗。

Sterling图书馆门口的“女人桌”,在法学院读书时天天忙于应付学习考试,我也没有时间认真去欣赏过,每次经过它,就觉得潺潺的流水声动听悦耳,以为只是一个校园的装饰,却不知道有深刻的历史和内涵。

根据孙康宜教授的“从零开始的女人桌”所述,原来,虽然耶鲁在19世纪末开始就招收极少数的女研究生,但是在1969年以前,有两百多年历史的耶鲁、哈佛、普林斯顿这些常春藤盟校本科是不招收女性的。随着女权运动和女性平等意识的觉醒,20世纪60年代中期,耶鲁学生开始要求招收女生,男女合校,但是保守的校董会一拖再拖。1968年,耶鲁学生强迫校方举行一个为期一周的男女合校试验,邀请500名女生来耶鲁试读一周,这个试验的结果使学生普遍支持招收女生。可是,校方却敷衍性地宣布:“四年以后一定开始招收本科女生。”听到消息,大约750名学生步行到校长家门口示威,接着又在三天后递交了1700名学生的联合签名请求,要求从1969年开始招收女生。当时的耶鲁校长Kingman Brewster是一个开明人士,在新的形势下,以他一贯的果敢和魄力,在五天之内就拿出了1969年耶鲁开始招收女生的计划,得到了校务会全体教授的赞成。这样,校董会也只能批准这个计划。耶鲁大学的本科从此有了女生。这一年,也是我们的校友美国第一夫人希拉里和她的丈夫克林顿来到耶鲁法学院的一年——耶鲁历史上永远不应该忘记的1969年。

Sterling 图书馆门前的“女人桌”，耶鲁男女平等的历史见证。

为了纪念女性的这一段奋斗史,耶鲁著名女校友建筑师 Maya Lin 特意设计了这个大理石的"女人桌",年代和女生数目很规则地刻在桌面上,潺潺的流水日夜陪伴着这些记载着历史的永恒的数字。[①]

三、抽签在耶鲁[②]

1999 年的秋天,我来到美国的第一个周末,朋友问我想去哪里玩,当然先去看耶鲁,那是我心仪多年的地方。在耶鲁开车绕了一圈,最后在一个看起来极其古老的长方形城堡前停下来。这座城堡,四面的建筑都不到四层,可是中间的却是教堂式的十四层尖塔,石头的柱子,红砖砌的墙壁,椭圆的窗户和门廊,窗户玻璃上雕刻的都是各具特色的人物和风景,院子里是嫩绿的草坪和古老的大树。新英格兰地区的秋天本来就是惊人的美丽,而这个城堡,在斜阳西照里是说不出的高贵、雅致、神秘和幽静。我在古城堡溜达了半天也没有搞清楚这到底是教堂还是图书馆。

两年以后的秋天,我再来耶鲁,万分惊讶地发现两年前我流连忘返的城堡竟然是耶鲁最好的一个研究生宿舍,是 1932 年的一栋哥特式的古建筑;而我,作为耶鲁法学院的研究生,竟然被分到城堡

---

① 孙康宜:《耶鲁·性别与文化》,尔雅出版社 2000 年版,第 43 ~ 46 页。

② 该文原发表于 2002 年 6 月 2 日《扬子晚报》国际副刊,发表后随即被多家报刊转载,包括《读者》(2002 年第 23 期),《报刊文摘》(2002 年 10 月 6 ~ 8 日),《周末文汇》(第 118 期)等。

研究生宿舍拱形门上栩栩如生的石雕。

高塔的一个套间里面。我的书桌面对的正是那片嫩绿的草坪，而那棵大树的绿叶正随着微风在我窗前摇曳。后来才知道，法学院在这个研究生宿舍就分到两间房间，而法学院有 26 个研究生。谁有权利住到这个离法学院只有 1 分种路程的城堡？法学院用“Lottery”（抽签）的方法解决了这个难题。一开始，我并没有去思考这个抽签有什么意义，我只觉得自己是个幸运的中签者。慢慢地，我发现抽签竟是耶鲁最常用的管理手段和解决问题的办法。

2001 年 10 月 5 日，耶鲁大学 300 周年校庆，以克林顿演讲作为闭幕式，消息刚发到网上两个小时就有几千人订票，很快就已经超过 8000 人。怎么办，耶鲁为表示公平，决定采取用抽签的方式来分发演讲票。

斯坦福大学 Larry Lessig 教授来耶鲁法学院做讲座，邀请 12 个学生参加接待晚宴，院长秘书把邀请函发到所有学生的信箱，让学生自由报名。如果想参加的人超过 12 个就通过“Lottery”决定由谁参加。

耶鲁大学和法学院这样的管理体制如果引进中国的大学，那些校长院长可以省下多少的时间来做学问和教学，又可以减少多少无谓的矛盾和竞争。中国的大学，有这样的活动，谁可以参加接待都是领导来定。谁参加谁不参加，都会引起矛盾。

耶鲁法学院还有一种管理机制和抽签相似，同样功效。法学院的每一个研究生都有一个小书房。在开学前的培训里我发现有五个书房是小房间，有门，躲在里面是一个完全属于自己的世界，没有人看到你，你也看不到别人。其他书房都是敞开的，一个连着一个，没有门,像很多大办公室一样,每人一张桌子,你在干什么,别人都能看见。总共有 26 个研究生,大家心里肯定都是想要有门的小房间。我正在替耶鲁法学院操心他们怎么分配这些书房才不会伤害学生的自尊时,每个人的书房号码已经放在我们的信箱里。又是让我深思的一个做法,我发现,书房是按照姓的字母顺序来分的,我的姓总是排在最前面的,所以分到了小房间。大家都很开心。因为,没有人被歧视,无论你是黑皮肤、黄皮肤还是白皮肤。

法学院第二学期学生开始选课程的时候,有些课程是有人数限制的,也用抽签来决定谁能选上这门课程,像 Harrison 教授的"Legal Writing",有的学生到第三年才能选到。

2001 年 10 月 31 日,法学院招聘各种委员会的学生委员,选拔办法又是极其简单的"Lottery"。我决定应聘研究生委员会,这个委员会负责审查研究生招生政策和录取程序方面的事务。我们班有三个中国研究生,在来自 17 个不同国家的 26 个学生中,中国人是比例最大的,我想中国学生应该参加耶鲁的管理。11 月 3 日,我就看到我的名字已经在研究生委员会委员名单里面了。

其实,如果要竞争我有自知之明,首先语言就无法和我的欧洲同学比,他们大部分可以说四到五种语言,写出来的英文论文我甘拜下风。我只能说中文和英文,虽然 1986 年认真学了一年德语,现在全忘了。能荣幸地被选进耶鲁法学院研究生委员会完全是由于这里的平等机制。这样的机制,走后门根本没门。

"Lottery",一个简单的单词,一个简单的解决实际问题的有效方法,背后蕴含了美国这个移民国家 200 年来追求自由平等的文化背景。事实上用这种方法就首先肯定了一个前提条件:每一个人都有权利得到邀请,有能力成为各种委员会的委员参与法学院的管理。每一个学生都是平等的,都是一样优秀,都应该受到公正的对待,不管你是什么肤色,来自哪一个国家。

四、英俊的丹尼(Handsome Dan)

一看题目,你大概以为丹尼是一位英俊潇洒、金发碧眼的美国小伙子。其实丹尼只是耶鲁大学的一条狗,是耶鲁的吉祥物。

2001 年 11 月耶鲁对哈佛的橄榄球比赛上,远远地我曾经见过有人牵着一条狗在体育场溜达,也没有特别注意。有一天听见几个老生在那里神采飞扬地聊天:“今天丹尼来玩啦,真神气!”“它的眼睛最诱人了!”我看他们说得如此兴高采烈,便随口问道:“谁是丹尼啊?”他们瞪着眼睛说:“你来耶鲁这么久竟然不知道谁是丹尼,真是丢脸!”闹了半天,我才搞清楚,这位大名鼎鼎的丹尼原来是耶鲁大学的一条狗,是耶鲁的吉祥物,耶鲁上下都把它宝贝得不得了。这才知道,美国很多学校都有吉祥物,但是耶鲁是最早拥有吉祥物的一所大学,吉祥物是牛头犬(Bulldog)。

一直到离开耶鲁前一周,我才有机会去拜访丹尼。我和丹尼的主人 Getman 太太事先约好 6 月 14 日早晨去看丹尼。Getman 太太在电话中一再强调说:“你们一定要早晨 8 点半到,那个时候温度正好合适,丹尼会舒服一些。”我的好朋友郝倩和燕苗和我一起去看丹尼。

英俊的丹尼

（感谢 Getman 夫妇授权使用丹尼的照片）

我们到的时候,丹尼刚好散步回来,一派悠然自得的神态。我们一去,它高兴得摇头晃脑。Getman 太太介绍说,丹尼很喜欢和人亲热。它在我们三人身边颠来颠去。我们握着它的手,轻轻地抚摩它柔软的毛,它很乖;不过也很娇气,一会儿就要换一个手让我们握。郝倩说,它大概是嫌累吧。它的呼吸有一点问题,呼哧呼哧不停。我们三个人轮流和它照了许多照片。想来常常有人邀请他合影,它非常耐心,也很有经验,有时还摆摆姿势。

Getman 夫妇已经照顾抚养了耶鲁大学的四代丹尼(但是只有三只狗),包括丹尼十三世、十四世、十五世、十六世,已经二十多年。他们抚养的第一个丹尼是丹尼十三世,然后他们有了丹尼十四世,但是丹尼十四世不幸早逝,丹尼十三世还活着,所以丹尼十三世变成了丹尼十五世。我们见到的丹尼十六世很快将会退休,但是将继续和 Getman 夫妇住在一起。

历史上,所有的狗都是公的,只有一个例外,丹尼十二世是个母狗,当然耶鲁人不这样叫,他们亲切地叫她女孩(Girl),深以为荣。之所以有这个女孩,是为了庆祝耶鲁大学 1969 年开始真正实现男女平等、招收女生。

Getman 太太介绍她的丹尼的时候,也一直用男孩(Boy)这个词,完全像是在讨论自己的孩子。Getman 太太向我们介绍说,丹尼要经常出席耶鲁大学各种重大活动和庆典,像毕业典礼、耶鲁对哈佛的橄榄球比赛、校庆等。另外,丹尼还有很多校外访问活动,还要应邀出席一些电视节目,在荧屏上一展风姿。

我们知道常常会有人送狗给耶鲁,便问 Getman 太太耶鲁的处理方法。她向我们解释说,如果有一条以上的狗被送到耶鲁来竞争做吉祥狗,耶鲁就会组织一个专门的委员会来进行讨论和研究,看究竟哪一条狗符合条件,有资格成为耶鲁的幸运狗。

耶鲁的一条狗,这样的尊贵、受宠,这也是耶鲁的文化之一。将来你到耶鲁一定要去拜访一下这位英俊的丹尼先生。

06

第六章

在耶鲁尽情放飞你的梦想——耶鲁师生访谈实录

Chapter 6. Yale Will Take You Wherever You Want to Go!

在本章，我将和读者分享更多的耶鲁师生的访谈，从耶鲁师生的访谈中，你可以更加细致地了解到耶鲁法学院的精神和文化，以及法学院那些大名鼎鼎的教授。①

一、世界上独一无二的学习场所

Levin 校长访谈——一个培养领导人的大型实验室

2002年6月5日，耶鲁大学Levin校长办公室。

① 在我离开耶鲁前的两个月，将近四十位师生接受我的采访，虽然由于篇幅，我没有能将所有采访内容纳入本书，但是我在此衷心感谢这些老师和学生的支持。

耶鲁大学校长 Richard C.Levin 教授，Harold Shapiro 摄影，
感谢耶鲁大学校长办公室校长助理 Nina M. Glickson 女士提供照片。

建妹:首先想请你谈一下耶鲁大学的中国学生。

Levin 校长:中国学生是耶鲁大学最大的外国学生群体,他们勤奋刻苦,非常优秀。我们发现近年来,他们也更多地参加到社区服务中,这也显示中国学生的语言能力比以前提高了。现在有更多学生毕业后回到中国的大学或者政府机构去工作,这是个好事情。

建妹:耶鲁大学的主要贡献是什么?

Levin 校长:首先,很多从世界各地来到耶鲁大学的学生在他们所从事的领域都成为领导;耶鲁大学很多学院的项目是世界上最好的项目。同时,在过去的十年中,我们大大地增加了国际学生的数量,包括中国学生,他们来到美国,来到耶鲁,耶鲁是一个开放的地方,可以观察到美国社会是怎样运行的,像美国的言论自由、学术自由等,这对于世界范围内思想观念的交流是有益的。

建妹:你怎样看待耶鲁大学和中国的关系以及中国的未来发展?

Levin 校长:我们正在扩大和中国的合作和联系,耶鲁大学法学院的中国法律中心是一个很好的例子。另外,在很多科学研究领域,如医学院,我们也在和中国的大学合作,像复旦大学、北京大学。这些项目对学生和教授都极有帮助。关于中国的未来,目前,中国的经济发展是令人瞩目的,中国有传统的良好的教育体制。未来的几十年中,毫无疑问,中国的经济将继续发展和增长。

建妹:耶鲁大学和其他的大学有什么不同?

Levin 校长:和普林斯顿大学、麻省理工学院这样比较专业化的大学不一样,耶鲁大学是一所非常全面的、复杂的综合性大学,就像哈佛、斯坦福一样。但是和那些规模很大的综合性大学相比,我们的长处是营造了一种亲密的氛围,个体学生也得到更多的关注。像法学院、医学院、商学院的规模都很小,学生有很强的团体和社区意识,觉得他们属于耶鲁,是其中的一员。

建妹:为什么耶鲁能够培养出五位美国总统?

Levin 校长:两个原因。首先,无论在耶鲁学院,还是研究生院,包括法学院,学生的活动和兴趣不只是在教室里,他们非常热心地参加各种学校的组织和社区的活动,像演唱小组、辩论俱乐部等。有这么多的学生组织,就像是一个培养领导人的大型实验室,学生有很多机会来锻炼他们的领导能力。其次,第二次世界大战后,在20世纪六七十年代,很多年轻人对政治满怀兴趣,也是一个原因。举例来说,布什总统就是毕业于那样一个时代,1968年。

建妹:请你谈一下耶鲁大学行政管理中的"抽签"制度。

Levin 校长:我们尊重学生。我们想使耶鲁成为一个向学生提供平等的参与学校活动的机会的地方。对于我们来说,这是一个自然的决定。学生虽然并不对大学里面的一切事务做决定,但是我们想尽可能多地让学生来参与。

法官 Guido 访谈——卓越、文明、仁慈、友爱

建妹:耶鲁法学院为何如此独特?为何能培养出两位总统?

法官 Guido:能使耶鲁法学院如此独特的最重要的原因是它的规模。耶鲁法学院规模很小,但其教职员工规模又很大。我们整个法学院的规模比哈佛整个一年级的班级还要小。由于我们所选择的学生这么少,所以可以比其他任何地方都更好地挑选优秀的学生。所以每一个到耶鲁法学院的人，都是经过细细筛选的，不仅仅是看他超人的智力，还要看他是否具备领导者的素质。这些人被挑选出来的，然后再由这么多的教授在一个有助于提高文明、仁慈的氛围中施教，来培养杰出的人才。

在耶鲁法学院，学生和老师有更多的私人接触空间，这就创造出一种理智的奋发向上的氛围，而不是一种无用的相互竞争。这种氛围帮助学生发展其领导素质，然后你就可以知道他们是哪方面的领导了。这是耶鲁又一个独特的地方。我们不是很在意他将来会成为哪个法律领域的领导。在其他学校，学生都被试图培养为法律实践方面的领导者。而在耶鲁，培养目标应该是社会上任何与法律有关的领域的领导。美国任何与法律有关的领域，实际上是包括了社会的方方面面。结果是，在所有美国法律教授中，有 15% 是出自这个小小的法学院。耶鲁法学院只是美国 169 个法学院中的一个小法学院。如果你看看那些联邦法官、那些重要的政治家，也是这种情况。如果你看看律师事务所的领导们或者那些公益律师的领导者，比如在华盛顿、纽约、旧金山等，几乎每个地方都是出自耶鲁的人多于出自其他地方的。因为我们想要的人就是那些愿意辛勤工作、愿意成为领导者的人。①

建妹：耶鲁法学院出了两位美国总统，哈佛法学院出过总统吗？

---

① 当笔者在做本书最后收尾和核对工作时，收到 2006 年第 1 期《耶鲁法学院报告》，其中“谁在领导美国的法学院”一文的最新资料表明，目前至少有 30 位耶鲁法学院毕业生现在正在担任美国法学院院长职务，其中包括芝加哥大学法学院和哥伦比亚大学法学院院长。

法官 Guido:近期美国前六位总统中有四位是耶鲁出身,两位布什,有两位曾在耶鲁法学院学习过,克林顿,还有福特。早些时候,我们耶鲁法学院还出过一位总统威廉·塔夫特。因此,我们共出过三位总统。在哈佛法学院的历史上,只出过一位总统。

建妹:你还记得克林顿吗?

法官 Guido:当然,他绝顶聪明。克林顿是我见过的两个最聪明的学生之一。他有自己的主意,非常特殊。他的聪明和智慧在法学院学生中非比寻常。在耶鲁法学院的时候,大家就都叫他州长,因为知道他会回阿肯色州当州长,事实上他后来也确实当了州长。大多数律师具备敏锐、快速的反应能力,而他不仅如此,他的知识面很广。克林顿了解所有事情,精通方方面面。我曾开玩笑说,一般律师的智力好比冷水冲淋,很快;而他的智力则好比洗热水盆浴。

建妹:耶鲁法学院没有分数和排名,你认为学生的友爱、互助与法学院的考试记分体系有没有关系?

法官 Guido:是的。不同时期有不同的成绩制度,目前的成绩制度大约始于 30 年前。那时我是耶鲁法学院的教工,还不是院长。但即使在此之前,耶鲁的考试记分系统一直就不倾向于分数化,我们从来也不认为强迫学生相互竞争有什么作用。我们提倡的是与自己竞争,使自己做得更好,而不是比其他人做得好。虽然这种系统存在才三十多年,但它一直就是耶鲁的一个传统。当我还是学生时,即差不多是 50 年前,考试记分系统就是让人满意的(satisfactory)、好的(good)和优秀的(excellent)。

人们也许会担心学生因此而不用功,但我倒没有见到这种现象，事实上，我所见到的是，耶鲁法学院的学生比其他任何学院的学生都勤奋。他们在一起讨论，更多地思考、写作。但他们不认为这是工作，因为他们觉得这是乐趣。他们花在“无用功”上的时间很少，我所说的“无用功”，就是指勤奋学习只是为了证明比他邻座的同学强。有时，有些学生也会迷茫，会认为不需要用功而就不用功，结果淘汰了，但这是极少的例子。总的来说，法学院的考试记分体系主要的长处是促成了一种内在的动力，让学生尽他最大的能力为他自己去做好一件事，而不是为了和别人竞争。

建妹：从我们踏进耶鲁法学院的大门，从你的课堂、从学前培训、从 Harrison 教授的讲座，都是听到强调学生要友爱。在耶鲁法学院确实有在其他地方所看不到的东西，那就是：友谊、相互的关爱和帮助。

法官 Guido：共享、友爱、相互帮助，是成为一名好律师、好公民、好领导所必需的关键，也是耶鲁法学院的一个很久很久以前就留下的传统。大约在 70 年前（现在已经不是了）当时耶鲁法学院的院长说：“看看你的左边，再看看你的右边，因为你们三个人还将在这儿共同度过三年，所以你们最好相互看看，最好现在就成为朋友。”这一直是我们学院的一部分。我当院长后将它进一步明确了。在这之前，它一直是我们耶鲁法学院传统的一部分，只是人们没有那么清楚地说出来——卓越、文明、仁慈、友爱（Excellence，Decency，Humanity，Love）。我并没有改变任何事情，我只是使得耶鲁法学院的传统更加清楚。

给你说一个例子。有一个黑人学生（这个学生后来成为著名的法官),这个学生家里非常贫穷,母亲是一个清洗工。来到耶鲁法学院后,耶鲁法学院为他支付所有费用。快要毕业找工作的时候,当时耶鲁法学院的院长看着这个学生说:"你不会找到一份好工作的,因为你没有一套体面像样的衣服,你赶紧去买一些衣服,我会支付这些衣服的钱。"这样的情况不止一次。有一位很老很老的耶鲁法学院的校友,在他 80 岁的时候,来到法学院的讲台上,说:"你们知道吗? 90 年以前,我的哥哥,从俄罗斯来的一个贫穷的犹太移民,来到耶鲁法学院,当时耶鲁法学院的院长对他说:'你需要一些衣服,去买一些衣服,我会支付这些衣服的钱。'"

这种互相照顾的传统是耶鲁法学院源远流长的一种历史和文化。人们喜欢这样温情的传统并且对耶鲁法学院充满了感激之情,并希望所有人都能享受体会到同样的友爱、关怀。

"幸福时光",也是一样的理念,它开始于我们开始装修耶鲁法学院大楼的时候。那个时候,很多设施无法使用,餐厅关门了,大家也不容易在一起吃晚饭了,我们想,我们应该做一些事情让大家能有更多的机会聚在一起,如果大家不能自动地聚集到一起,我们就想办法让大家聚在一起,幸福时光就这样开始了。这是一个极大的成功,并且至今还在继续着,目的就是让大家开心地在一起。幸福时光刚开始的时候,正好遇到圣诞节来临,有一个教授扮演成圣诞老人给大家分发礼物,我还曾扮演成圣诞老人的帮手。

建妹:为什么我们在圣诞节之后考试?

法官 Guido:原因是秋季学期时间不够。如果考试之前有充足的时间,那么学生就不会感到压力。如果可以在 8 月中旬开学,则完全可以在圣诞前结束,但人们又不愿意在夏天开学。问题是,如果在圣诞节前考试,学生就会感到恐惧、紧张,尤其是对于一年级学生,他们已经这么紧张了,加上考试就会更紧张了。他们会感到困难,这对法学院一贯的良好的氛围也是一种破坏。所以,即使没有一个人喜欢我们在圣诞后考试的主意,但它确实延缓了紧张气氛。

建妹:第一学期我们确实很开心,也充满乐趣。另外一个问题,耶鲁法学院的独特精神是什么?

法官 Guido:耶鲁法学院的独特精神就是——法律可以非常有趣,人们可以因为从事法律工作而非常愉快。法律的作用就是创造一个更美好的世界,学习法律的人不是简单地为了让自己过得更好,而是为了全社会更好。我们不告诉学生所谓的好是什么,例如所谓的好是指律师要很好地为被告辩护,为国家或者州辩护等,完全由你们自己决定什么才是好的。但你所做的与法律有关的事决不能仅仅是为了自己,而是为了让你的国家、全社会变得更美好。这就是为什么我们要设立职业赞助项目(即为低收入毕业生还款的 COAP 项目)。我们提供奖学金,但同时也有贷款,当这些学生工作时,如果工资不高,则这些贷款将转为一种赠款。这种情况在其他学校必须是你从事某些特定工作,某些学校指定的工作,而在耶鲁,只要你从事公益工作,挣的钱不多,就可以免还贷款。

建妹:耶鲁法学院为什么会这么富有?

法官 Guido:如果你给予别人东西,他们就想回报你。如果你给别人贷款,然后告诉他们,如果你的工资不高,你就不用还了。那么

以后,当这些人一旦富有了,他们就会捐钱给这个学院,因为他们希望其他人也能像他们当初一样获得同样的机会。不管你来自一个很穷的或者很富的家庭,只要你到了耶鲁,我们不仅简单地提供一笔交学费的钱,还有一笔足够让你生活得很好的钱,所以即使你来自最穷的家庭,你都同样有足够的生活费在此体面地生活。你能够来到法学院,本身就意味着你应该接受最好的教育,受到最好的待遇。人们对此更加欣赏和感激,更加支持这所学院。其结果是,我们每年得到无数校友的慷慨赞助和捐款,因为学生在耶鲁法学院的时候受到了最好的待遇,他们热爱耶鲁法学院。

建妹:耶鲁法学院什么时候成为美国法学院第一名?

法官 Guido:自从 1986 年开始,耶鲁法学院被排为第一名。在那以后,被排为第二名或者第三名的法学院每年都会略有变化,但是耶鲁法学院被排为第一名从来没有改变过。哈佛大学是全美国最好的一所大学,曾经有一段时间,在某种意义上,从某种角度看,哈佛法学院是被排为第一名的,哈佛法学院是一种传统意义上的法学院,而耶鲁法学院是被看成与哈佛法学院不同风格的法学院,因为两者是不同的,所以很难真正地把两所法学院进行比较和排名。我自己的感觉是,自从 1956 年一批杰出的学者来到耶鲁法学院以后,耶鲁法学院开始成为真正意义上的最好的法学院(Number One),而这种改变到大约 20 年以前才被承认并被社会广泛认同。

建妹:你怎样看待耶鲁法学院的学生?

法官 Guido:我们先来谈 J. D. 学生。因为耶鲁法学院只收很少的学生,能来的都有极好的背景。毫无疑问,这些学生非常聪明,才华横溢,这也是耶鲁法学院为什么会如此优秀的一个原因。五个同时收到耶鲁法学院和哈佛法学院的学生当中,有四个会选择到耶鲁法学院来。这些学生不仅仅是聪明,而且已经做了很多事情,比如,有的出版了自己的著作,有的做过一些特殊项目。所以,在上课的时候,你永远不知道谁会提出有趣的、有意义的问题或者观点从而使得这个班级活跃起来,使课堂变得生动有趣。在其他学院,有些学生是杰出的,可是在耶鲁法学院,每一个都是杰出的。

LL. M. 学生是耶鲁法学院过去 30 年中最大、最有意义的一个改变。曾经有一段时间,LL. M. 学生,尤其是从外国来的 LL. M. 学生不如美国的J. D. 学生,一部分的原因是因为,在有些国家,耶鲁法学院的名声没有在美国本土这样响亮,所以好的学生申请去了别的学校;另一个原因是,很多国家没有将他们的学生送到美国的法学院学习。30 年以前,情况大大改变了。现在,LL. M. 学生和美国的 J. D. 学生一样杰出,并且有更多的经历和经验。另一个现象是,我们有越来越多的优秀的外国学生。以前,耶鲁法学院录取一定数量的外国学生是因为我们觉得耶鲁法学院应该录取外国学生,尽管美国学生可能更加优秀。现在,由于外国的学生如此优秀,美国学生反而很难被录取。这样,耶鲁法学院就得以在全世界用统一的标准来录取学生,这一点真的很棒。

Kronman 院长访谈——世界上独一无二的学习场所

建妹:在采访中,我发现学生们很喜欢你。尤其是毕业典礼上,听到全体法学院的学生高呼你的名字。在中国,有些学生很讨厌他们的法学院院长。为什么耶鲁法学院的学生如此热爱法学院院长？

Kronman 院长：（大笑）院长这个身份有时确实是让人讨厌的。学生现在对我的感情与我对学生的感情是一样的，在我当院长以前，学生对老院长 Guido 的感情也是一样，他们热爱 Guido，觉得他平易近人、友好、支持和帮助学生，这也是我想做到的。如果说有秘方的话，不如说这是耶鲁法学院的一种文化。

身为院长，要像一个老师一样被学生认可、喜欢和尊重，意味着我需要做很多事情。耶鲁法学院有一个很悠久的传统，那就是院长和其他老师一样在教室里面上课。这强调和反映了这样一个观念——院长只是法学院教师队伍的一个成员，虽然院长承担着繁重的行政管理任务，但是他首先是一个老师。我也坚信这一点，最重要的工作是出现在教室，是学生和老师之间的交流，这也是耶鲁法学院存在的理由。更全面地说，耶鲁法学院因为两个原因而存在：一是因为学生，为他们提供学习的地方；一是学术贡献，我们的教师为学术界做出的贡献。在其他学院，对教学和学术可能有各自不同的解释和指导方向。但是在耶鲁法学院，教授们同样认真地对待教学和学术，他们不觉得教学和学术是矛盾的，教学和学术是紧密结合一起的。这使得耶鲁法学院成为一个独特的学习的地方。当教师们在教室上课的时候，他们会自然而然地、充满激情地和学生讨论他们手头正在从事的学术研究项目。

建妹：耶鲁法学院的重要特征和精神是什么？是什么使得耶鲁法学院和其他法学院完全不同？

Kronman 院长：至少有三个特点使耶鲁法学院独一无二。

首先,许多法学院不认为法律是一门理论学科,他们认为法律是一门实践学科,学生学习法律规则,遵守程序。在耶鲁法学院,法律被看成理论学科,一门可以产生思想的学科。为了理解现象本身,一个人必须从理论角度、哲学角度、带着怀疑的眼光来思考、来看待法律。在这里,流行的观念是,如果你想精通法律,并且最有效地使用法律,你必须用哲学态度来探究法律的含义和目的。在这里,法律的生命就是思想的生命,行动和思想融合在一起。

第二个特点是耶鲁法学院的公益服务(Public Services),这是耶鲁法学院一个悠久的传统。耶鲁法学院鼓励学生把他们自己看成公众服务者,无论他们将来从事什么职业,是律师事务所的律师,还是政府机关的官员或者其他什么职业。这种对公益服务的关注和重视是耶鲁法学院文化的一个部分。在有些法学院,学生会认为法律是一种工具,可以用来做他们想做的事情,可以用来为他们创造一些个人利益。但是,耶鲁法学院教育学生说,"你们是受信托人,你们肩上负有重大的责任,法律是一种公共的信任,你们有责任和义务保护这种信任。"

第三个特点是,我们是非常亲密的一个群体。学生和教工,我们全都在这同一栋大楼里面,我们是一个很小的社区,在法学院的走廊上,在图书馆的台阶上,我们每天都能看见彼此。结果是,我们对待彼此就像对待朋友和邻居。这栋大楼里的每一个人都是雄心勃勃的,这也是他们能够来到耶鲁法学院的原因。无论男人还是女人,他们都怀有巨大的梦想和理想,他们想成为美国总统或者其他杰出人才。按理说,把几百个这样雄心勃勃的年轻人放在一栋楼里面会是一个极大的灾难,人们会互相斗争,但是耶鲁出现的情况刚好与此相反。事实上,耶鲁法学院的文化是以友爱、温情、互相支持为特征的。

归纳起来,耶鲁法学院的三个特点可以表述为实践和理论兴趣的结合,法律技巧的培训和公益服务观念的培植结合,个人理想和团体支持、友爱的结合。学术和人文氛围、公益服务观念、友爱温暖的文化氛围使得耶鲁法学院成为一个独特的学习场所。

建妹:耶鲁法学院为什么能够成为第一名?

Kronman 院长:首先,我个人对法学院排名有点怀疑。就拿耶鲁法学院和哈佛法学院这两所学院来说,两者是完全不同的学院,就好像苹果和橘子,没有办法相比。你如果说耶鲁法学院是第一名,哈佛法学院是第三名,就好比说苹果是第一名,而橘子是第三名。我想不应该仅仅看法学院的排名来决定一个学院的个性特征。不过耶鲁法学院之所以能够如此成功,除了我上面所说的以外,还有很多其他原因。由于校友的爱心、捐助和支持,耶鲁法学院如此幸运地得到这么多的资源,使得耶鲁法学院的教师和学生可以追求他们想做的事情。另外,耶鲁法学院的教授们出类拔萃,享有很高的学术声望。

耶鲁还有一个悠久的传统,这就是注重学科之间的联系和交叉,注重法律和经济、法律和文学、法律和哲学、法律和历史之间的联系。绝大多数美国法学院中,有一些老师对跨学科工作有兴趣。在耶鲁法学院,每一个人对于跨学科工作都有兴趣。结果呢,耶鲁法学院就更加是耶鲁大学的一个部分,当然绝大多数其他美国法学院也是大学的一个组成部分。(建妹注:讲到这儿,Kronman 院长站起身来,指着窗外,语气激动地说出以下的话)你过来看一下,看看我们法学院在校园的什么地方、什么位置。从地理位置来看,它正好处在耶鲁大学的中心,这是一个象征,显示着我们在学术领域、学术生活中也是一个中心。

建妹:耶鲁法学院没有分数,没有排名,请你谈一下这种制度的利弊。

Kronman 院长:首先,来到耶鲁法学院的每一个人都已经是优秀的成年人,都有自己的远大抱负,他们不需要分数来作为刺激学习的动机。其次,将学生排名有时就像对法学院进行排名一样,并不准确,而且有时会产生误导。没有分数、没有排名的体制减少了学生为了竞争排名而产生的压力,使得学生之间更加友爱;而在那些讲究排名的学院,学生之间互相竞争,有时会把彼此当成敌人而不是朋友。这应该是这种制度的主要好处。耶鲁法学院这种没有分数、没有排名的体制确实大大减少了学生为了竞争排名而产生的压力,可是我们又造成了另一种压力。学生在他们来到耶鲁法学院以前,一直都是在参加考试和排名,突然之间,他们发现,考试和分数变得不是那么重要。有些学生感到非常紧张,他们会反问自己:"我学得好不好?我真的听懂了吗?我是否已经学习了我应该学习的东西?"由于分数体制如此松弛,他们不知道他们的学习成绩如何,使得他们更加紧张不安。总的来说,我认为我们消除了一些焦虑不安,本来是为了减少竞争的压力,但是无意中对某些学生来说,在某种程度上又创造了一种新的焦虑。

建妹:我发现耶鲁法学院有将近100门课程,谁决定这些课程?

Kronman 院长:耶鲁法学院的教授们自己设计、决定他们想要开设的课程,有时也有可能需要老师来教一些法学院的基本课程,但是,教授们有充分的自由选择自己愿意开设的课程,享有完全的自由来决定他们想教什么。

建妹:耶鲁法学院为何能培养出三位总统(克林顿、福特、塔夫特)?

Kronman 院长:这是一个鼓励和培养学生的领导能力和自信的地方。耶鲁法学院鼓励学生相信他们可以做他们想做的任何事情,鼓励学生拥有伟大的梦想,并且坚信这些梦想可以实现。那些拥有伟大梦想、坚信这些梦想、并且带动其他人也相信他的伟大梦想的人就变成了领导者。

二、如果给我第二次机会,我仍然选择耶鲁法学院!

郝倩——我的声音可以改造社会!

建妹:你为什么选择来耶鲁?

郝倩:我同时被哈佛大学、哥伦比亚大学、纽约大学、耶鲁大学录取。选择来耶鲁的原因很简单,你也许觉得很可笑,就因为耶鲁是第一。我来耶鲁两年了,回头想一下,为什么耶鲁大学法学院是第一这个问题,觉得很有意思。

耶鲁大学法学院应该说是有它的弱处的。首先,从学校的大小来说,耶鲁法学院是很小的。与此相反,哈佛法学院则规模很大,像一个大工厂,每年生产500个律师。在名气上,哈佛不仅在中国人的眼中是最好的,在美国,一般不学法律的人的观念中也认为哈佛是最好的。这么多年以来,哈佛法学院不论是到法律界、还是到政府去工作的人很多,就有很大的势力,从影响人数上就比耶鲁法学院多得多。而且评法学院第一第二要由律师、法官等来评,这样哈佛法学院以及其他大的法学院从人数上说已占了优势。

其次,从学科来讲,耶鲁法学院的学科并不实用、并不宽泛。像税法、证券交易、知识产权这些最实用的法律课程它没有,学科很单薄,很偏。去年的知识产权,还是从华盛顿请来的律师讲的。我当时是冲着耶鲁法学院是第一才来的,来了以后我发现了学科上的问题,我就开始想这个问题,耶鲁法学院这样一个地方怎么能成第一,肯定有它特殊的原因。

耶鲁法学院是美国比较异类的代表。比如一般的法学院培养的目标是律师,律师在美国人心目中就是赚钱,在诚信方面并不出色,不像医生和法官那样受尊敬。在耶鲁法学院的文化氛围里,如果你说你的目标就是去当个律师挣钱,你还要自己去"Justify",做公共服务等不赚钱的事受到鼓励,而追求赚钱的事受到鄙视,赚钱是很俗的事,不能明目张胆地说。

那为什么这样一个很小并且有些偏科的法学院能够成为第一?

我想,首先耶鲁代表了独立精神,学术上、精神上都非常独立。记得去年"9·11"之后,学校很快就开了一个学者座谈会。当时事情刚过,人们还在惊讶中,耶鲁就开这么个讲座,表明耶鲁善于思考。因为时隔不久,当时美国人民很悲恸,很惊讶,还处在害怕之中,是一种受害人的角色和心态,耶鲁就已经开始反思。有一个学者一开头就讲:“为什么美国会招致这样疯狂的袭击?为什么他们这么恨美国?”他说,如果我们的角色转换一下来考虑,如果一个很强大的伊斯兰国家,对别国进行干预,任何人、任何国家都没办法对抗他的时候,你会怎么办?大家非常惊讶,在大家都一边倒的时候,在批判恐怖主义者的时候,他却开始批判自己,他在找美国自己的错误在哪里。我当时非常受触动,耶鲁能在社会之外保持一种独立的、清醒的思考。这是耶鲁大的校园氛围,法学院是身处其中的。

其次,我觉得耶鲁法学院体现了一种社会责任感,它所追求的目标之一就是要在这个社会中担任一个决策制定者(decision-maker)的角色,而不是在这个制度下面做一个很好的循规蹈矩的人,或者优秀的雇员,或者有钱的经理。我的声音、我的行为可以改造社会,可以决定这个社会的动向。社会的发展,社会的走向,我要参与其中,一种以天下为己任的感觉。耶鲁和其他学校比,50%以上的学生毕业以后去做公共服务,而其他学校学生90%以上的去做律师。从一方面来看,这里的学生很有野心,像克林顿一样,他们要做政治家,要做法官。从另一方面来看,这里的老师大都从大的方面来考虑法律和社会问题,并通过这些从事公共服务的学生将他们的观念和思想带到社会上去,因此,耶鲁法学院人数虽少,但是影响很大,在社会的发展中起到了很大的作用,他们的声音能够被听到,是一种精英教育。

第三点,耶鲁以自己独特的教育风格平衡了整个美国教育中很“aggressive”的一面,它在学校中创造出一种非常友好的气氛,学校有各种各样的活动和社团。这里的学生的压力不是学校给的,而是学生自己给的。Guido 上课曾提到耶鲁的考试与评分制度,有人觉得耶鲁的评分制度很不对。他说:"这个办法可能在其他任何学校都行不通,在耶鲁却可以说是成功的。因为你们不需要压力,到这里来之前都做了很好的事情,不用再考试了,不用再证明你自己了。你们自己将来要做最高法院的法官助理或者大法官,或参议员,或者要做 CEO,已经不需要别人再告诉你们做什么,肯定非常努力,分数对你们根本不需要。我们要做的是让你们在这儿能自由地思考,自由地学习,把你们的潜能发挥到最大。"

盛意——有个性的教授和充满感染力的同学

盛意,罗斯佛大学本科,哈佛大学生物硕士和医学硕士。耶鲁法学院 3 年级 J. D. 学生。

建妹:听说你被哈佛法学院录取了,但是你最终选择来耶鲁。是什么打动了你?

盛意:当时我在哈佛念书,对哈佛感情很深,觉得放弃哈佛挺难的。然后就来参观了一下耶鲁,看了以后觉得很喜欢。那时整个法学院还在装修,有个教室的屋顶还钻了个大洞,一边上课一边有灰掉下来。当时的 127 教室,凳子都是很旧的弹簧凳,转来转去的,和现在完全是两回事。但是当时接待我的学生和教授对我们特别热情。我觉得耶鲁法学院声誉很高,但每个人,包括教授,还那么平易近人。

当时我住在一个耶鲁学生家里,他也是特别喜欢 Guido,还特别带我去听了一次Guido的课，关于[普通法]的历史。当时Guido正好讲到科学发展了以后，[普通法]是否也应该跟着发展，并且举了一些医学上的例子。因为我有医学的背景，这个话题很合我胃口，挺有意思的。我申请法学院的时候纽约大学(NYU)给了全奖，哈佛也录取了。当时来看耶鲁的时候，这边一个高年级的学生对我们说，“我知道你们在座的好多人有被哈佛录取的，甚至也有纽约大学全奖的，但是你们还是应该来耶鲁。你们来耶鲁学习以后就会知道，放弃那些来耶鲁是值得的。”当时对我来说最难选择的也就是哈佛、耶鲁和纽约大学。最后我觉得我在哈佛已经待了三年，对哈佛比较了解了，就决定来耶鲁尝试一下新的环境。来了耶鲁之后觉得这的确是一个正确的选择。

建妹：耶鲁教授给你印象深的有那些？

盛意：我上过Guido的侵权法课，他是很特别的一个人。Owen Fiss教授也是，我上过他的民事诉讼法。许多学生觉得Fiss对整个社会，对平等、民主的观念比较理想化。尽管现实中有好多令人失望的事情发生，Fiss还存在罗曼蒂克的希望，觉得社会最终会像他想象中的那样。他对穷人特别同情，希望法律面前人人平等，社会下层的人也能受到同样的法律保护。耶鲁那些学问做得好的教授，人也很好(Nice)，很和善。我举个例子，学校有个司机，经常去纽约飞机场接人。因为接人，我和他聊过几次。他说，“唉呀，我对你们法学院的教授个个熟悉。像Owen Fiss教授、Guido，都是极好的人，做人没有架子。坐我的车总会和我聊天，聊得很愉快。”教授们有时还有挺天真的一面，讲到感兴趣的事情，像小孩一样。像Bruce

Ackerman,他上课时经常讲得眉飞色舞。

Tony Kronman 则是个非常风趣的人。有一次法学院举办少数民族学生的晚会,Tony 就坐在我们桌上。开始大家觉得在院长面前有些紧张,后来不知怎么讲到谈恋爱看什么样的电影最好。Tony 说,"哎呀,最好的约会电影是看完以后还有很多东西可以讨论的,你们两个人就可以慢慢回味那些场景,所以就一直有话可以聊。"然后 Tony 就开始具体的影评——这个电影好,那个电影不好,许多电影他都看过。这么一来,我们都觉得自在多了。那天我和袁翔正好都穿了中国旗袍,大家都说中国旗袍挺好看的。Tony 接过话题说,"我去中国访问时买了件旗袍给我太太,回来一看小了三号,中国的旗袍号都太小了。我太太穿不上,就放在衣柜里边。后来 16 岁的女儿要参加学校里的晚会,开头想不出穿什么,我太太就想到了这件旗袍了。她们娘俩试了半天,过一会走出来的时候,哇,我这女儿看起来真是窈窕淑女,特别漂亮。我跟她说,不许穿着这件出去,太漂亮了。我太太说让她去嘛。最终女儿还是穿着这条旗袍去了,然后很出风头,她很高兴。"反正 Tony 挺随和,什么都可以聊。

法学院的学生喜欢拿 Tony 和 Guido 两人来开玩笑。Tony 的头发总是弄得很服帖,像上了摩丝,而且他总穿的很帅。Guido 呢,因为他极有才华,很自信,学生常笑他狂妄自大。

毕业前我们有一个晚宴,正巧在法学院学生演出的第二天。Tony 在晚宴上做了个演讲,他说,前一天晚上演出结束以后,Guido 对我说,Tony,他们(学生)的笑话总离不开两件事,你的头发和我的自负。我搞不清楚你们为什么老拿我的头发开玩笑。既然你们老拿我的头发开玩笑，我就把头发剪短了，谁知道呢，结果你们法学院的合唱队就给我写了一首歌，叫“我们还是喜欢你的头发长一点”。我剪短了你们写首歌，我留长了又给你们笑话，说我花好多时间弄我的头发。我跟我太太说，他们总不相信我，好像我花很长时间弄我的头发。本来今天我想把我的小女儿带来，让她给你们作证，我在家里不做头发。结果我太太和我说，Tony，这没用的。唯一能证明你不做头发的办法就是当着你学生的面，给你的头发浇一桶水，然后等它自然干，自然干了以后就能证明你的头发不用做就这个样。他说到这儿，学生都把酒杯举起来说，OK，Tony，我们就来示范一下，浇杯水。一看这架势，他连忙说，NO！NO！NO！我没有那么傻。把你们的杯子都放下。我觉得你们不应该老注意我的头发，你们应该注意更加大一些、更加有意义的事情，多关注我的头发下面的大脑，关注这个大脑里面在想什么。我告诉你们，这些天我在想着你们，脑子里整天想的就是你们。你们是一班很好的学生，我会很想念你们。这就是他的演讲，说的比较轻松幽默，学生也比较喜欢。

建妹：采访中，很多学生提到司法实践教育即诊所教育，你有什么看法？

盛意：我觉得诊所教育很重要，也很有意思。上课是理论上的一种培训，当然很重要，有些同学的发言也很有思想。诊所教育是对实践的培养，能让你看到理论和实践中的差距。我自己也做了一个学期，我的那些同学都对诊所工作相当投入，很鼓舞人，和他们一起工作的时候我觉得我这个人也被提升了。

我们帮助的那些人都非常贫困,可以说是生活在社会底层。纽黑文法律援助协会把他们认为我们能够处理的案子拿过来,我们提供免费的法律援助。你听听这些当事人的故事,你会觉得简直不可想象。他们的健康情况、居住条件,他们的工作、生活都是很糟糕,如果换到我们身上简直难以忍受了。但他们有时还很乐观,甚至抽空做公益事情,去帮助比他们更困难的人。

有时你在街上或超市里看到生活贫困的人,那只是一个抽象的印象。但是一旦他们成为你的客户,你和他们接触多了,每个人都有自己的故事,自己的亲情,父母小孩之间的关系呀,夫妻之间的关系呀,和我们一样。你会很想帮他们,能帮到他们很高兴。但诊所工作也有不少意想不到的困难:有时我们给了从法律上来说正确的建议,但当事人有他们自己的顾虑,不肯配合。有些当事人家里电话都没有,我们没法主动和他们联系。每次见面只能说好下次什么时候来,如果他到时候没来,只好等他哪天再给你打电话。我做了一个学期的诊所工作,虽然很累,但是很愉快,很乐意。

建妹:现在你快毕业了,你仍然觉得你3年前的选择百分之百是对的?

盛意:是的。我在耶鲁学到了一种看待问题,分析问题的方法,无论是法律问题,政治或社会问题,还是个人问题。另外,耶鲁确实有许多人对做学问很执着,或者对公益事业很执着,不讲究名利,让我很受感动。有一年有个组织搞了个调查,看法学院毕业生对自己的法学院评价怎么样。耶鲁各项的评分出来后都很高。其中有一个问题,"如果你能再做一次选择,你会选择回到同样的法学院吗?"

耶鲁学生的回答好像是百分之一百,人人都说还是会选择耶鲁的。

建妹:我这次采访的很多美国学生说他们将来不想做律师,不想只是过单纯追求金钱的人生。

盛意:是的,可能与小时候的教育有关。这儿很多家长鼓励孩子追求自己感兴趣的事,支持他们有自己的理想,挣钱并不是唯一的目标,所以很多小孩并不把挣钱看得很重。

而且挣钱这东西就像无底洞,总会有人比你挣的多。如果你从事公益事业并且看到结果,比如在你的帮助下一个本来很穷的社区生活水平改善了,或者儿童教育水平提高了,你会很有成就感,也更容易全身心投入工作,不仅仅是完成任务而已。耶鲁有从事公益事业的传统,并吸引了许多想做公益事业的学生。他们来了以后就互相鼓励,对自己要献身于公益事业的目标更加明确和坚定。很多学生到毕业的时候会说,是他的同学鼓励了他。

建妹:耶鲁法学院最深刻的特征是什么?

盛意:还是法学院对公共服务的重视和贡献。这是最有意义的一件事情。好多学生都有这方面的抱负。耶鲁法学院有很多有成就的校友。如果你有抱负,愿意投入精力与时间,法学院会是一个很好的资源,会为你提供一些机会。不过最终还是要看个人的努力。

崔威——在这儿住三年是很享受的

崔威,三年级 J. D. 学生,2001 年耶鲁大学代表团中国之行的翻译。

建妹:你觉得耶鲁有什么特别的东西打动你,不管是教学的方法还是行政管理,你有没有印象很深的?

崔威:我印象深的,第一个是学生很有理想,不能说大家都很有理想,能看到的也许只是少数人有理想。但是即使是少数人有理想,因为他们做事有他们的热情、他们的干劲、他们的热心,能在学校形成一种气氛,使你觉得周围都是有理想的人,都是很能干的人。比如很多学生的政治意识很强,在美国左派比较进步,提倡社会平等的,这是我赞同的,因为我大学的同学就是这样。虽然是我的政治观念,但一直没把自己定位在美国,我也就没多大的干劲真正去做。这方面,像我这样的人就感到很羞愧,耶鲁比我年龄小的人正在做事情,他们对具体的个人、对某些地方的社区、对社会所花的时间是很可观的,作出很多贡献。我新认识的同学都这样。我以前在哈佛有两个同屋,他们先后在耶鲁法学院毕业,我忙着看书时,这两人在波士顿的穷人区给黑人和拉丁美洲人的小孩,建立一个夏令营,他们干了两年时间,从他们设想然后开始募捐,到建立第一个夏令营,第二个夏令营,再改善等,他们花了很多时间。他们的公共服务意识非常强,这里许多学生和他们是相同的,所以我很惭愧。

这是一方面,大家非常理想化,政治意识强,耶鲁的学生很多对宪法感兴趣,主要原因是,他们想他们的理想能否通过宪法实现。

第二个方面给我深刻印象的是讲座,耶鲁法学院请其他学校的人来做讲座,这样给学生提供了很好的机会,如果能经常去听讲座,非常开眼界,我第一年第二年可惜没太多去,第三年我尽量去,每去一次都觉得收获特别大,觉得世界真大。

建妹:请你谈谈对 Levin 校长的中国之行。

崔威:这样说题目就太大了,我就挑一个说。我们去中国都讨论到高等教育,我们去了北大、清华和长沙,长沙电视台也谈了中国教育,这是一个一直出现的主题。他们问 Levin 校长:“你觉得我们大学的高等教育怎么能达到世界一流,怎样把我们的学生培养成世界一流?”中国人有很强的意识,意识到中国在某些地方有欠缺,想着要怎么改过来。Levin 校长回答的时候说到了一个中国非常缺乏的东西,但是大家好像没有意识到。Levin 校长说,“建设第一流的大学必须有第一流的教师,像北大和清华就必须想办法把很好的教师吸引来。另外,说到学生,你们从十多亿人中挑学生,挑的是精英,当然很好。但是,一个学校必须意识到要提高学校的水平,还要提高学生的水平,培养学生能够积极地为社会服务,对社会作出贡献,这是学校需要做的事情。”

我自己的感觉是,热衷于看 Levin 校长中国之行的中国学生,为社会服务的意识不是很强,学生可能没有充分意识到,因为大家还是比较追求自我的东西。就我来说,大致也是这样,我和我的耶鲁同学比,社会服务要少得多,但是我意识到这一点。国内学生特别想考虑自己的欠缺在哪里,想要补救,把自己变得更好,但是没有想到实际上自己最缺的是一种意识——一种为别人做什么,为社会做什么的意识,而不只是考虑怎样把自己弄得更好些。

建妹:Levin 校长对中国印象好吗?

崔威:印象很好。他从中国回来后,在耶鲁的毕业典礼上讲话,就是讲中国的事情,本科生毕业时想听校长的讲话,结果都讲中国了。

比尔——如果给我第二次机会,我仍然选择耶鲁法学院

比尔(William J. Nardini),耶鲁法学院毕业生,毕业已经八年了,我采访他的时候,他一开始就说:"我热爱我在耶鲁法学院度过的时光。"

建妹:还记得对耶鲁法学院的大致印象吗?

比尔:当然。因为班级很小,所以同学们互相非常熟悉,这样在教室外面也有机会来讨论法律问题,从其他同学那里学到东西。同时由于班级很小,大家也就很熟悉教授,和教授之间没有距离感。

建妹:为什么选择来耶鲁法学院?

比尔:我同时被哈佛大学、乔治城大学和耶鲁大学三所法学院录取。被这些法学院录取后,我们有一定的时间来考虑选择,并且去法学院访问,了解情况。当我去哈佛法学院的时候,我的导游是一个哈佛三年级的学生,他说:"我很高兴我被哈佛录取,很高兴在这里学习。不过,我也申请了耶鲁,但是我没有被耶鲁录取,如果耶鲁要我,我当然去耶鲁。哈佛是我的第二选择。"我很吃惊。这个导游影响了我的选择。后来证明我的选择是对的。当我到耶鲁法学院访问的时候,这里的学生和老师都非常友好,我们见了当时的副院长,导游带我们参观教室,我去听了一堂课,很小的课堂,是很愉快的经历。我想天哪,这里的教授怎么这么友好。

我选择来耶鲁法学院部分原因是因为耶鲁的规模更加小。尽管我有朋友在哈佛法学院并且也非常喜欢那里,但是由于教授要应付的学生太多,所以很难和教授有很近的联系。而且由于学生多,规模大,加上和耶鲁不同的分数制度,为了排名,学生竞争就很激烈,包括参加编辑法律杂志的竞争。但是在耶鲁,学生之间的竞争非常小,看着成绩单,都是“通过”或者“荣誉”,看不出分数和排名,你也不知道你是班上的第几名,因为没有名次。而且第一个学期,耶鲁法学院的分数只有“通过”(Pass)或者“不通过”(Fail),所有人都是“通过”。唯一的压力是你自己想学习的压力。

同样,参加法律杂志的竞争也小。八年前,当我在耶鲁法学院的时候,我们有两个测试,一个是考蓝皮书(Bluebook),即美国法学院关于注释规范的规则;另一个是写一个十页纸的论文,优秀的入选。三分之一的同学都在参与法律杂志的编辑工作。在其他法学院,参加法律杂志的人数比例很小。

建妹:你对耶鲁法学院的课程有什么评价?

比尔:我感觉最好的课程之一是司法实践课程即诊所教育。我们和 Jean Koh Peters 教授在一起工作,我记得我们做的是残疾人的一个项目,我们代表大约 40 名当事人,试图让他们得到他们所需要的服务和治疗。这非常有意思,因为你不仅仅是学习书本上的法律,你是像一个真正的律师一样在工作,了解和思考你的当事人需要什么。有时我们和 Jean 还有其他教师一起去法院。在法学院上课的时候,大部分时间在阅读法官写的判决,司法实践课程则让你从非常实际的角度来学习,帮助你的当事人。我们也学习律师职业道德规则,Jean 给我们很大的帮助,教我们什么是可以为当事人做的,我们的义务和限制是什么。

建妹:这是我在访问中听到的一个普遍反映,耶鲁法学院是一个极其注重理论的地方,可是学生对这个司法实践课有浓厚的兴趣。Jean Koh Peters 教授今年被选为我们毕业典礼的演讲人。

比尔:我想她是最好的教授之一。有趣的是,我最喜欢的另一个教授碰巧是她的兄弟,Harold Hongju Koh 教授,①他教程序法律、国际法、国际商法、人权法。我上过他的三个讲座,非常棒,而且总是非常友善,花时间和学生谈话。我收获很大。

建妹:如果给你第二次机会选择上法学院,你选择哪一个?

比尔:当然是这个地方。除了我刚才跟你说的原因,还有一个原因,离开耶鲁以后,才慢慢深刻体会到耶鲁的价值和它所带来的无穷机会。因为耶鲁名声如此特殊,规模如此之小,找工作容易,很容易申请法官助理,很容易得到教授职位。如果你告诉别人你毕业于耶鲁法学院,对方一定说:"哇,是耶鲁法学院的!"如果是一些别的法学院,对方会说:"哦,不错。"这并不是说在别的法学院就没有这些好的工作机会,只是在耶鲁,你得到的机会更加多。我在最高法院做助理的时候,有一个得克萨斯大学法学院的毕业生,但是她是法学院的第一名,非常聪明,如果她不是法学院的第一名,也许不一定能够得到法官助理的职位。但是,至少有十个耶鲁学生可以申请到最高法院做助理。

Bob——真诚的耶鲁

我们的辅导员 Bob 对于耶鲁法学院的观察非常细致。

---

① Harold Hongju Koh 教授在 2004 年接替 Kronman 教授成为耶鲁法学院的院长。

Bob 原来在堪萨斯大学法学院，他谈到申请来耶鲁法学院的种种细节时，满怀感动。他说，无论是工作人员的回信还是电话，都是热情而真诚的。所以，虽然他同时也被哈佛法学院和哥伦比亚大学法学院录取，而且也有很好的奖学金，最终还是决定来耶鲁法学院。

采访中，Bob 反复提到一个词——humanity。他充满深情的回忆我至今记忆犹新：

“就我个人的经历，我觉得耶鲁法学院是唯一一个充满人文气息、弥漫着温暖、友爱、宽容的氛围，同时学术上又非常严格、严谨的地方。其他法学院不是这样的。有的学校没有什么人文气息。耶鲁法学院因为很小，就像一个家庭。

法学院里面很多点滴小事情也一样，你如果认真想一下，都很有人情味，让你感到真诚和亲切。我在耶鲁法学院情况介绍的小册子里面，还注意到关于奖学金的描述，大意是说，如果你被录取了，你不需要担心你的经济情况，因为耶鲁法学院一贯的哲学理念是，你是如此优秀，所以被录取，既然如此，你就不应该由于其他方面的原因如经济情况而受到影响。

Kronman 院长也是我想来耶鲁法学院的原因之一。Kronman 院长的信件、演讲，都是充满人文精神的。他的名著《迷失的律师》具有深刻的哲学思考，非常有启发。

再以我们收到的录取信为例，耶鲁法学院的录取信：我们非常高兴、非常荣幸地能够向你提供来耶鲁法学院学习的机会，我们真诚地期盼着您能来到我们法学院。等到来耶鲁法学院前，每个学生又收到了 Kronman 院长的一封更加情真意切的欢迎信。这并不是为了法学院来做广告或者宣传,因为学生已经决定要来耶鲁了,不需要做宣传了。这些信件是一种真诚的姿态。这就是耶鲁法学院,让人非常感动。”

丽丽——敞开的大门

来自香港的中国学生丽丽是中国学生中最具个性的一个。问她为什么选择耶鲁法学院,她回答说:“在耶鲁你可以学到你想学的。常常有很多律师和学者来做讲座,和我们分享他们的经历。各种讲座我学到很多,甚至比课堂上更加多。”丽丽说英文更加自然流畅,说着说着,她就说出了“I only wanted to go to Yale. This place can take you wherever you want to go.” 这句话可以有多种含义,我想了半天没有完全贴切合适的中文,还是原样用她的英文。

关于成绩,丽丽笑着说,“我不太在意我的成绩,耶鲁法学院没有分数,没有排名,每个学生只要做到最好,与自己挑战。正是法官 Guido Calabresi 教授所谈的‘off the treadmill’。在耶鲁法学院有那么多的事情可以做,可以想,成绩只是其次。你到耶鲁法学院,就不应该只是为了成绩而来。每个人都可以为自己的理想而努力奋斗,有什么好竞争的呢?耶鲁法学院在全世界都有最好的名声,学生可以做他们想做的任何事情。很多国际性的机构、律师事务所都希望可以聘请耶鲁的人才。”

谈到耶鲁法学院的名声对学生的影响时,丽丽的说法也很有意思。“耶鲁法学院有丰富的社交资源,对学生来说,如果他想成为参议员，成为政治家，耶鲁法学院非常有帮助。像法官 Guido Calabresi 教授，如果有他的推荐信，也是非常有用。去找那些教授们，他们的门是开着的（The door is open），而且这些人都是杰出的美国上层人物，和政界密切相关。”

Georganne——永不厌倦的耶鲁和可以接近的院长

Georganne Rogers 女士，Guido 院长和 Kronman 院长的助理。

我知道 Georganne 已经在耶鲁法学院很多年了。所以采访中自然首先问到她在这里工作的感受。

谈到她自己的工作经历，Georganne 说：“我来到耶鲁法学院的时候，刚好是 Guido 当院长的第二年——1986 年。当时我只打算来耶鲁法学院工作 2 年，最多 3 年，可是现在已经 16 年了。如果不是因为喜欢这个地方，早就离开了。当时只有一个院长助理，Guido 当院长的时候产生了这么多的工作和项目，大家才开始想到需要第二个助理。耶鲁法学院就像一个喜剧大舞台，舞台背景没有变，可是人物在变化，每年都有新的学生来，有新的教工加入耶鲁法学院，有那么多的事情可以做，永远都不会觉得厌倦。”

说到学生，Georganne 感叹道：“这里的学生都是天才，极其聪明。他们来到耶鲁，不仅仅是像其他法学院的学生一样，只是为了毕业后去当个挣钱的律师。他们更加追求工作的成就感。”

关于耶鲁法学院的特色，Georganne 说：“耶鲁法学院没有像其他法学院那样的 ABCD 这样的成绩制度，也不排名，没有第一名的学生,也不会有第 100 名或者 200 名的学生。这就限制了竞争。Guido 院长在一次开学典礼上说,有的法学院,允许并容忍学生互相攻击、带着个人感情来批评别人的观点。在耶鲁法学院,这是不被容忍的。另外,学生在这里可以做他们想做的任何事情,法学院也提供财政上的支持。学生如果想做一个很好的项目,不会因为没有钱而无法进行。"

已经在耶鲁法学院担任 16 年院长助理的 Georganne 对两任院长都非常了解,很自豪地向我介绍,"approachable"(可接近的)是耶鲁法学院院长的一个特点。所有学生,无论是什么原因、什么事情,在任何时候都可以到院长办公室来,说:"我要见 Kronman 院长,和他谈一下"。如果不是紧急情况,他们可能会需要等一两天。但是学生们的要求总是会得到满足,无论他们想和院长谈什么。其他法学院的院长一般不太可能像耶鲁法学院的院长这样容易接近,即使在耶鲁的其他学院,也不可能。

Georganne 女士谈到的院长们的这一特点,我自己在耶鲁法学院的时候就深受其惠,我常常去 Guido 和 Kronman 院长那儿,有时是请教学习上的问题,有时是为了考试复习,有时是为了了解法学院运行中一些问题,还有为写这本书也不止一次地到院长办公室采访。

三、会说话的数据

在分享了耶鲁师生的访谈后,最后,让我们来看一些耶鲁法学院职业发展办公室(Career Development Office)提供的一些数据。[1]从这些数据中,读者可以自己来领悟耶鲁法学院的文化和精神。

1. 一年级法学院学生夏季从事公益服务工作的学生比例和人数:

- 1999届学生比例是64%,191位学生中有122位从事公益服务工作;
- 2000届学生比例是56%,185位学生中有103.5位从事公益服务工作;
- 2001届学生比例是63%,183位学生中有115.5位从事公益服务工作;
- 2002届学生比例是57%,180位学生中有102.5位从事公益服务工作;
- 2003届学生比例是61%,186位学生中有113位从事公益服务工作;

2. 法学院学生毕业后的第一个工作是做法官助理的比例如下:

- 1997届学生比例是46.6%,208位毕业生中有97位做法官助理;
- 1998届学生比例是52.5%,182位毕业生中有95位做法官助理;
- 1999届学生比例是44%,202位毕业生中有89位做法官

① 以下各项数据中学生总人数是参加调查的学生总人数,有少数学生没有提供信息或者没有参加调查;统计数据到2001年6月为止。

助理;

• 2000 届学生比例是 45%,193 位毕业生中有 90 位做法官助理;

• 2001 届学生比例是 44%,196 位毕业生有 86 位做法官助理。

3. 耶鲁法学院职业发展办公室对 1996 届学生毕业 5 年以后的工作情况做了以下调查:

①对于他们所从事的工作的满意度:

• 从事学术工作的接受调查者中有 67% 表示非常满意,是满意度最高的一个群体;

• 从事公益服务工作的接受调查者中有 58% 表示非常满意;

• 从事商业经营工作的接受调查者中有 57% 表示非常满意;

• 从事律师工作的接受调查者中只有 24% 表示满意,是满意度最低的一个群体。

在律师事务所工作的一位毕业生在调查中回答:"你别奢望你在一个律师事务所工作还能得到工作和生活的平衡,律师事务所会用尽你所有的精力和时间。"

②年薪收入:

• 从事律师工作的年薪收入最高,72% 的接受调查者报告说他们的收入在 15 万元金以上;

• 从事学术工作的年薪收入次之,75% 的接受调查者报告说他们的收入在 7.5 万美元到 15 万美元;

• 从事公益服务工作的年薪收入最低,63% 的接受调查者报告说他们的收入在 7.5 万美元以下。

③所有毕业生从事公益服务工作的情况：

- 一半以上的接受调查者报告说他们每年贡献26小时以上的时间从事公益服务工作；
- 16%的接受调查者报告说他们每年贡献100小时以上的时间从事公益服务工作；
- 33%的接受调查者说他们之所以为他们现在的雇主工作，是因为这个雇主非常支持从事公益服务工作。

从这一组数据中可以发现，即使在美国这样一个物质社会，高收入并不一定能够带来人们内心深处的幸福感和工作的成就感；而那些年薪收入在7.5万美元以下的从事公益服务工作的群体却大多得到了工作上的成就感。

4. 耶鲁法学院毕业生在美国各级联邦法院担任法官职务的人数（到2001年6月为止的统计数据）：

- 美国联邦最高法院——2位（Clarence Thomas, Byron R. White）；
- 美国联邦上诉法院——20位；
- 美国联邦地区法院——58位。

四、在耶鲁尽情放飞你的梦想

采访的近40位师生对于耶鲁法学院的精神和文化的共同感受大致如下：充满人文精神；注重跨学科研究；学习压力小、没有其他法学院因为考试排名带来的恶性竞争；同学友爱相处互相帮助；培养公益服务精神;提供最大的自由和民主,使学生可以按照自己的设计来学习知识,实现自己的理想。

作为一个国际学生,我个人也有一些深刻的印象和观察。

耶鲁人自信,甚至有些理所当然的骄傲。在他们眼里,只有想不到的事情,没有做不到的事情。例如,知道我在写耶鲁法学院的书,好几个老师和同学都鼓动我去纽约采访希拉里和克林顿。我说,他们两人都是如此繁忙的政治家,大事情都忙不过来,哪儿会有时间来接受我的采访?

耶鲁人热情,耶鲁人真诚,很多学生提到他们到耶鲁来参观访问受到的热情友好的接待。

耶鲁人醉心于服务。强调公共服务、培养学生的公共服务意识,不仅仅是耶鲁法学院的特色,也是整个耶鲁大学培养学生的一个目标。1994 年,Levin 校长还创立了一个"校长公共服务项目",向耶鲁学生提供暑假在纽黑文从事公共服务的机会。项目创办以来,到 2001 年,至少有 250 多位学生参与了这个项目。Levin 校长每年都会给学生写信,邀请大家来参加这个项目,投身到纽黑文的公共服务中去。

耶鲁人雄心勃勃。300 年校庆的时候,法学院的学生代表上台演讲,豪情满怀地宣布:"世界需要耶鲁,我们已经准备就绪。"(The world needs Yale. We are ready.)这就是为什么耶鲁会培养出那么多的法官、检察官、参议员、美国总统,改变了美国的历史和社会,甚至影响了这个世界的进程的原因。

耶鲁资源丰富。社交也是耶鲁法学院生活的一个部分。如果你这里读了一年的书，却没有和联合国的官员或者美国的参议员、联邦法院的大法官吃过一次午餐或者合过一次影，没有和院长聊过一次天，无论是关于你自己的学习，未来的工作，还是法学院管理，你在耶鲁的生活就不够全面，而且不仅仅是可惜，甚至有点浪费耶鲁的资源。

耶鲁舒适方便。在法学院这个古老的城堡里面，你可以一个星期不出大门，文化，娱乐，一切设施齐备，图书馆、大礼堂、会议室、教授和行政人员办公室、餐厅和教室都在同一栋楼。一楼是餐厅，饿了就可以去吃饭。下完课就进计算机房，先查电子邮件。然后到四楼书房去读书，读累了，到地下一楼国际法律图书馆和朋友海阔天空地聊，既练习了口语，又增长了见识。无聊了，到园子里面晒晒太阳。整个大楼确实像一个大家庭，来来往往的都是熟悉的面孔。晚上的日子更加好过，丰富多彩，常常有各种讲座和活动，而晚饭，就在教室里面。

耶鲁处处是课堂，人人是老师。表面上看起来，耶鲁大学法学院就是每天快乐地喝着咖啡聊天，人们在这里尽情享受，可是正是这个无拘无束的环境为各国学生创造了自由交流的空间。大家无所不谈，同性恋是否合法，妇女地位问题，世界和平进程，民族问题，言论自由，政治体制，有时争得面红耳赤。多少灵感，多少思想的火花在自由的交谈中喷发，又有多少观念文化在这里传播。

从国际化的角度看，耶鲁不仅仅是美国的，耶鲁是世界的，来自世界一百多个国家的学生孕育了耶鲁独特的文化。同时，一代又一代的国际学生将耶鲁文化又带回他们自己的国家，很多耶鲁毕业生回国后都成了那个国家某一个领域的领头人物,以不同的方式影响和改变着他们的国家和社会。

所有关于耶鲁法学院的采访和观察,最终我觉得还是中国学生丽丽(Lily)的那句话最有代表性,这就是——"Yale will take you wherever you want to go!"愿所有怀有耶鲁梦的人可以如愿以偿,在耶鲁尽情放飞你的梦想!

07

第七章

耶鲁法学院的中国法律中心

Chapter 7. The Dynamic China Law Center

一、沙漠中的绿洲

美国是一片文化沙漠！这句话多半是来自文学领域的感叹，来自中国作家和文化人在美国生活一段时间后的观察。可是在美国法学院两年的学习和生活，尤其是在两个不同风格的常春藤盟校学习后，我对于美国的中国法律研究也想套用这句话。

在美国，用英文介绍中国法律的论文和著作毕竟有限，而且中国的法律发展日新月异，很多英文资料介绍的都是中国已经过时的信息，在许多法律领域则几乎是空白。我的隐私法教授 Allen 曾经和我抱怨说,她想写一点关于中国隐私法律的文章,却找不到任何的英文资料。

和资料缺乏相对应,绝大多数美国法学院的学生和教授对于当代中国的法律知之甚少,或者是一无所知。这种情况与一般美国人对于中国的实际情况了解不多是相似的。有一次和一位美国学生谈到中国的宪法问题,他带着怀疑的神情问我:"你们中国有宪法吗?"我用惊愕的眼光瞪着他,我相信当时我的眼睛在说:"作为一个正在研究宪法的法学院三年级的学生,你竟然可以问出如此荒唐的问题?!"他看我半天不说话,再看我震惊的目光,知道话问得不妥,赶紧和我道歉说:"对不起,建姝,我知道中国是有宪法的,我的意思是说,那么中国有宪法法院,有司法审查吗?"

曾经和一位著名的侵权法教授讨论中国侵权法问题,顺便聊到隐私。我说我想写一篇隐私方面的论文。他的反应又是让我大吃一惊。他说:"中国不保护隐私,你们也没有隐私法。我觉得隐私是你们国家法律领域中最不重要的一个领域。"这样的观点居然出自一个美国资深教授之口,而且这位教授不是保守主义者或者对中国持有偏见的人,相反他对中国和我本人都非常友好。

在环境法领域也存在同样的误解。中国许多城市的空气污染确实非常严重,作为首都的北京也不例外。这样糟糕的环境污染给人一种错觉,似乎中国是没有环境法的,也不保护环境。其实,中国环境法中有的空气标准和污水排放标准比美国和欧洲都要严格。不是没有法律,也不是法律不够完善,只是中国的执法力度还不够。

最初不断遇到这样一些不愉快的经历时,心里和那些中国作家的感叹是一样的。可是,很快就发现,沙漠之中也有小小的绿洲。

美国许多著名法学院都有对中国法律研究颇深的中国法专家,有中国法律研究中心或者亚洲法律研究中心,像哥伦比亚大学、耶鲁大学、哈佛大学、纽约大学、乔治城大学等。1999 年我在哥伦比亚大学访问时,发现中国法中心主任爱德华教授竟然在给美国学生讲授中国古代法律。有一天我看到他的讲义,大吃一惊,上面是密密麻麻的古汉语,他还要把这些清朝的法律翻译成英语教给学生。他对中国古代法律的熟悉远远超过中国的法律本科生和一般老师。有一次,他谈到法官腐败问题,随口就举出“大清律例”中有两条关于官员受贿的条款。

2001 年 11 月,贺诗礼女士(Jamie Horsley)来耶鲁法学院的中国法律中心做了一个关于中国农村选举的论文报告。她毕业于哈佛法学院,曾经是摩托罗拉中国公司的副总裁,原美国领事馆的商务参赞。她的论文讨论村民委员会选举问题,对中国在农村选举取得的成就给予高度评价。一个美国律师能够以如此翔实的资料写出这样的论文是不容易的。原福特基金会的中国项目官员张乐伦女士也对中国的法律研究充满兴趣。

最难忘的是,2001 年初我在南京大学法学院为研究生开设中国侵权法的时候,当时在南京大学中美中心教授美国侵权法的华盛顿大学的 William Jones 教授还专门来旁听中国侵权法课程。我不知道他可以听懂多少中文,尤其那些烦琐的法律术语。但是,他坐在我的教室里面,无形之中给我许多的压力和鞭策,让我更加认真地教这门课。作为交换,中美中心也特许我去免费旁听 William Jones 教授的美国侵权法,知道我在耶鲁法学院读书,几次来信邀请我去做中国法讲座。

这些美国教授对于中国法律的研究热情、执着让我深深感动。在这片土地上,在中国法律的沙漠中,一些充满热情和理想的人开始用他们的心血来建造一个又一个的绿洲。这些大学的中国法律中心,这些对中国法律充满热情的美国教授和学生,就是法学沙漠中的片片绿洲,虽然数目不多,尚未成林,却昭示着无穷生机。在 Gewirtz 教授的领导下,耶鲁法学院的中国法律中心也是这样的一个沙漠中的绿洲。

二、21 世纪中美法律交流的一座桥梁

耶鲁大学法学院中国法律中心不仅仅是沙漠中的绿洲,同时也是一座桥梁。

正如中国法律中心在其介绍中陈述的那样,中国法律中心致力于增进对中国法律制度的理解和支持中国的法律体制改革。基于这样的宗旨,中国法律中心与国内的许多机构、大学、研究组织合作进行了很多项目。他们的着重点在司法改革、法学教育尤其是司法实践教育、行政法等领域。中心接受访问学者,资助耶鲁法学院的学生到中国做有关中国法律的研究项目,举办学术研讨会,如 2001 年 10 月 22 ~ 23 日与中国社科院联合举办的“司法独立和责任”研讨会。耶鲁法学院的中国法律中心与别的中心的不同之处还在于,

它和中国的很多政府部门直接开展长期合作项目,如和国务院法制办的行政法合作项目,和全国人大合作的有关刑事案件中证据收集和使用的立法项目。

短短的几年之间,大批中国学者、官员到耶鲁法学院的中国法律中心访问进修。就我在法学院读书的一年,来中心短期进修访问或者参加学术活动的就有十几位。

耶鲁大学法学院中国法律中心的成立与我的导师 Paul Gewirtz 教授密切相关。我离开耶鲁时,专门找时间对他进行了采访。

谈到创办中国法律中心的动机,Gewirtz 教授说,他对中国一直非常关注、充满兴趣。但是一直没有直接做任何关于中国的项目,直到到美国国务院去工作。1997 ~ 1998 年在美国国务院工作期间,他是总统法治项目的特别代表(Special Representative for the Presidential Rule of Law Initiative),主持了克林顿总统和江泽民主席 1997 ~ 1998 年会晤时同意的关于中美法律合作的初步协议。他希望可以为中国的法律改革做一些事情,能够有一些积极的双方可以合作的渠道。这样就有了中国法律中心。

谈到中心的财政来源,他说,作为私立大学,耶鲁大学和耶鲁法学院非常幸运,有这么多的资源。我们有许多事业成功的校友。这些校友非常关心和感激耶鲁,毕业后向法学院大量捐款。尤其是对那些他们认为有价值的项目和活动,他们大力支持。作为一个全新的学术机构,中心除了得到耶鲁法学院的支持,还得到了很多基金会、学生的父母和个人的慷慨赞助。

说到中国法律中心正在进行的项目和具体工作,Gewirtz 教授

Paul Gewirtz 教授，耶鲁大学法学院中国法律中心主任，总是给人一种朝气蓬勃的感觉。

眉宇之间掩不住的喜悦和激情:“我们非常幸运,能够得到这么多的经济支持,来做我们想做的项目。中国法律中心不像别的中心仅仅接受访问学者。我们也做很多项目,和很多中国政府机构、研究机构、大学合作,像司法改革、侵权法、公司法、刑事诉讼、行政法、法律教育,等等。”

谈到中国学生,他说:“我们录取学生的时候一般都选择那些愿意回到中国去、为中国做贡献的学生,尤其录取研究生的时候。我对中国学生非常满意,他们聪明,勤奋,认真刻苦。法律在中国变得越来越重要,中国留学生回国以后会有更多的机会来为中国做贡献。我们期待着、同时也鼓励中国学生回到中国去。”

中国学生盛意对中国法律中心的观察比较透彻。“中国法律中心虽然成立时间不长,但在短短的两年当中,已做了很多项目,在中国影响很大。中心为中国的访问学者提供机会,每一个访问学者来,法律中心为他们安排的活动都很丰富。中心把一批又一批的中国学者带到美国,让他们接触美国法律系统及这个系统中的各个成员:法官、检察官、律师等,他们看到了美国怎么做的,又了解中国情况,可以将美国的东西融会贯通变为中国的东西。中国的法律发展最终是靠中国的学者,最后能够真正改变中国的仍然是这些中国学者。”

确实,中国法律中心的影响正在日渐扩大。现在,无论在美国还是中国都已经成为一个引人注目的学术机构。

另外,Gewirtz 教授和何杰森(Jonathan Hecht)教授在耶鲁法学院联合主持的“中国法律改革研讨课”(Workshop on Chinese Legal

Reform)也为探讨中国法律和法学的发展提供了一个很好的平台。来上课的学生有在耶鲁法学院攻读 J. D. 和 LL. M. 的中国学生,也有美国学生,也有其他院系对中国法律感兴趣的学生和教授。由于听众受教育背景和所专长领域的不同,讨论课上提出的问题的视角也大为不同,有人关注的是法律背后的经济问题,有人看到的是经济发展后面的社会问题和法律问题。

这个讨论课的形式和气氛也非常自由宽松,一般是 Gewirtz 教授和何杰森教授主持,通常会邀请来耶鲁访问的中国学者或者美国学者做一个演讲,然后大家就此来作讨论。中国学者所介绍的国内法律体系、法制建设和司法改革的情况对于在美国接受法学教育的中国学生和做中国法律研究的美国学者都非常有帮助。华东政法学院的孙潮教授介绍的上海人大立法程序和听证制度,大家就非常感兴趣,极受欢迎,而且孙潮教授介绍的关于中小学生在学校受到伤害以后如何赔偿的问题也引起热烈的讨论。

北大一位教授的观点最为精辟:"当熟悉中国问题的中国学者有了世界的眼光,回到中国,可以向政府和社会贡献更加实际的改革方案。光了解中国的问题而没有世界的眼光,或者只有世界的眼光却不了解中国的问题,都不能够真正帮助中国的司法改革进程和法律体制的健全。"

中国法律中心这座桥梁将东西方的学者连接起来,将在美国的中国学生和学者与中国连接起来,将对中国法律感兴趣的美国学生和中国学生学者连接起来。在耶鲁,这座桥梁使得中国学生如同身处一个大家庭之中,在享用美味的晚餐时还可以兴致勃勃地讨论中国法官的廉洁问题和消除司法腐败的良方。

三、Gewirtz 教授和何杰森教授

Gewirtz 教授中等身材，看起来比他的实际年龄年轻得多。Gewirtz 教授特别聪明，思路清晰，这是来耶鲁中国法律中心的访问学者一致的感觉和评价。他给人的感觉是永远充满希望和理想，永远追寻他自己的希望和理想，似乎从来没有泄气的时候。他为人也很风趣随和。

2002 年 6 月 19 日下午 2 点半，我去和 Gewirtz 教授告别，当时他正埋头在一大堆文稿中，好像在整理办公室。我给他看了我们在毕业晚会上的合影照片。他又看了一下我和 Kronman 院长的照片，说："你和 Kronman 院长照的那张很好。"我看他不是特别满意这张照片，就提议说再重新照一张，反正我随身正好带着相机。他笑着说："你信上没有说今天要照相啊。"他拎了拎他的白衬衣领子，看看我的裙子，又说："你今天穿的这样高贵，你看我什么样子，怎么办呢？"我禁不住大笑。其实我也就是一条黑色的连衣裙外带一条真丝白围巾。平时我的这位导师总是西服革履，仪态万方，处在适于照相的状态之中。那天确实有点例外，好像是他要马上做 24 小时的长途旅行而忙乱不堪，而我这个真正要告别耶鲁、告别美国的人却是从容不迫，像是要去赴一场豪华的晚会。因为突然说要照相，他就到柜子里面去找，看有没有领带和西装。翻了一会，发现我穿的是和 Kronman 院长照相时一样的裙子，只好说："算了，你就用这

一张照片吧。”

中国法律中心的副主任何杰森教授是一位真正的中国通,中文说得非常好,许多中国俚语他都会讲。有次去一家中国餐馆,他进门就说:“要一个包间。”他曾经是福特基金会中国项目负责人,在北京工作过四年。现在他同时在哈佛大学法学院和耶鲁大学法学院教授中国法,是美国一位资深的中国法律专家。在学习上,何杰森教授也给了我很多帮助。刚开学时,去向他请教美国、判例中一些引注的问题,他总是非常耐心地一一为我解释。

何杰森教授还特别地机智、幽默。法学院的学生少不了的一个话题,就是会将耶鲁大学和哈佛大学拿来做比较。因为他同时在这两个法学院任教,我就问他对耶鲁和哈佛的看法。他的回答简洁明了:“耶鲁和哈佛就像苹果和橘子。”

对我的导师 Gewirtz 教授和何杰森教授,我心存感激。在耶鲁法学院读书的一年,无论选课、做论文都得到了他们的悉心指导。

08

第八章

从天堂到地狱
——耶鲁法学院考试纪实

Chapter 8. Exam at Yale Law School

一、恐怖的 1 月

每年的 1 月，我想大概没有一个美国法学院的学生比我们耶鲁法学院的研究生更加凄惨了。当然，前提是第一学期没有一个美国法学院的学生比我们耶鲁法学院的学生更加幸福，因为绝大多数法学院是在圣诞前就考试了，我们大概是唯一一个第一学期没有任何考试的法学院。

耶鲁法学院为了让自己的学生有一个最好的学习和复习考试环境，从 2001 年 12 月 7 日开始到 2002 年 1 月 22 日禁止非法学院老师和学生进入图书馆。2002 年 1 月 2 日到 22 日图书馆 24 小时开放。这样的服务与设施在目前中国的高校似乎无法想象,这也是以强大的物质基础为前提的,图书馆要 24 小时开放,需要增加工作人员多少服务小时。

2002 年 1 月我有三门考试,一篇论文;1 月 26 日绝大部分研究生都要到纽约参加工作面试。对于急于找工作的学生来说,1 月真是不堪回首的一个月,大家都是行色匆匆,就是好朋友见面也只是一个“你好”了事。

虽然耶鲁法学院没有分数,没有排名,尤其第一个学期只是通过或者不通过,而所有人都知道大家全体会通过,可是学生却并不因此而怠慢了考试,不是为了分数而考,因为没有分数可以让你来炫耀,是为了自己而考,是自己和自己在竞争。由于图书馆在考试期间通宵开放,整个大楼灯火辉煌,24 小时你都可以看到学生们在图书馆里面往来穿梭,好像是另一场嘉年华会,学习的嘉年华会,许多的东西,真的是到了考试前后才真正搞明白。

如履薄冰合同法

合同法考试定在 2002 年 1 月 10 日。从 1987 年我当老师以来,这么多年我一直是在考别人。这是第一次参加美国法学院的考试,很紧张。虽然自己给自己打气说,有什么了不起,不就是考一个美国合同法吗,不就是“要约”“对价”“补救”吗,在中国读研究生的时候就修了英美合同法,还考了很高的分数,现在不就是用英文来考吗?“Reliance, Promissory Estoppel, Restitution, Frustration”这些原理也算是烂熟于心了。尽管如此,我还是用了五个小时才考完,很累。

考完以后一个星期,看到一年级中国学生公开的答案,觉得要昏过去了。我的答案完全全是中国式的"Yes"或"No",我想他的答案才是比较符合美国法学院的答案模式,单是一个"Free Upgrade Program"就不知道用了多少个假设,完全就是 Kronman 院长上课时一贯的口头禅。这次考试,虽然不是一个成功的经验和例子,但是也积累了一些对付美国法学院考试的经验。

合同法总共考了四道题目,我附上第一题供读者朋友参考:①

Question One(Ninety Minutes)

Every winter, the Smiths(Bob, Edna and their two children Willie and Jean) take a family skiing vacation in Vermont. They like to visit a different resort each year, and spend a great deal of time examining brochures and discussing their options. Willie is a fine skier, Jean snowboards and their parents like to spend most of their time off the slopes relaxing before a fire. Finding a place that all the Smiths will enjoy is not always so easy.

This year, Willie and Jean were particularly attracted to a new resort called "SnowMo," which had just opened and was outfitted with the latest snow making equipment. In Vermont, snowfall is irregular, and only those resorts that make their own snow can be counted on to remain

① 感谢 Kronman 院长授权我在此书中引用 2002 年的合同法考试题目。

open throughout the season. The SnowMo brochure underscored this fact, stating that "At SnowMo, you can put your worries aside. There's always enough snow to go around. We know—because we make it! For skiers and snowboarders alike, our trails offer the greatest challenge and the most fun of any resort in Vermont."

Bob and Edna found the description of the SnowMo lodge—with its newly installed giant hot tub and "champagne special" brunch for late rising skiers—equally appealing. After some discussion, the Smiths agreed to give SnowMo a try, and Edna said that she would make reservations through the resort's online service.

Edna had hoped to get a two bedroom suite for the family, but when she visited the SnowMo web site, and followed the simple directions for making a reservation, was disappointed to discover that all the suites had already been booked for the first week in January (the week of the Smiths' vacation). Edna was thus forced to settle for her second choice—two separate but adjoining bedrooms—and secured a reservation by entering the required information and making a 25% deposit on the package fee of $2,000. Edna charged the deposit to her America Plus charge card, and indicated that she wished to be notified if a suite became available.

One week later the Smiths received a written confirmation of their reservation, along with a complimentary half day lift ticket for each member of the family. The confirmation stated that the Smiths' rooms would be in either the "Alpine" or "Yodeler" wing of the lodge, depending on availability and the Smiths' own preferences. The confirmation form also indicated that for an additional charge of $100, the Smiths could purchase "deposit insurance" that would permit them to cancel their reservation "without cost" so long as they gave a week's advance notice.

Excited at the prospect of being back on the mountain, Willie persuaded his parents to buy him a new pair of ski boots (having outgrown the ones he wore last season), and Jean pleaded (successfully) for a new competition snowboard, to use on the specially groomed course at SnowMo. Bob bought new skis for himself, and thermal underwear for everyone in the family.

That fall proved to be an exceptionally warm and dry one in New England. The ski resorts that don't make their own snow (the majority by far) still had not opened by December 1, and the few that do were struggling to keep their trails open. The Smiths congratulated themselves on having wisely chosen a resort with the most advanced snow making equipment available.

Meanwhile, at SnowMo, where the manmade snow cover remained at best somewhat thin, a number of reservation had been canceled, as families decided either to ski out West, where the snow is always abundant, or to forgo skiing in favor of something else. SnowMo's manager, worried about additional cancellations, gave instructions that anyone still holding a reservation should be offered a "free upgrade" to the next level of accommodations. A SnowMo agent called Edna to tell her that she and her family could have a suite after all, at no additional price. Edna was thrilled and said, "We are all so excited about coming. You know, my husband and I discussed whether to buy deposit insurance, and I'm so glad we didn't. It would have been a complete waste of money.

The weather continued warm and dry. On December 26, the Governor of Vermont declared a drought emergency in the state and imposed severe limitations on the use of water for any but essential purposes. SnowMo was forced to suspend its snow making operations, and what little snow there was on its trails was soon worn bare. Concerned about safety, SnowMo's manager made the unhappy decision to close all but 5 of the resort's 40 trails.

More cancellations followed. But the Smiths remained confident, in large part because Bob, a professional meteorologist, knew that an imminent change in the jet stream would soon bring colder air and, in all probability, snow. Sure enough, on New Year's Eve the snow began to fall, and the following morning Vermont's Governor relaxed the limits on water use and SnowMo began making snow again. By evening on New Year's Day, when the Smiths arrived at SnowMo, all of its trails were back in operation.

Its combination of natural and artificial snow now gave SnowMo the best groomed trails in all of New England, and skiers and snowboarders began to pour in from everywhere, many coming from other resorts where the snow cover remained modest. SnowMo's manager was delighted. He knew now that every room in the lodge would soon be booked, and gave instructions to suspend the free upgrade program that had been instituted the month before.

At the check-in desk, the Smiths were told that they could not be upgraded to a suite after all. Edna protested vehemently, but said to Bob, "What choice do we have? We're here with the kids and all our equipment. Where else could we go?" Her anger mounted when the agent behind the desk informed Edna that all the rooms in Yodeler were already taken, and that her only option was Alpine. What a way to start a vacation, Bob said, as he handed the agent a credit card to pay for their rooms.

The next morning was brilliant and clear. Determined to have a good time despite their reception the night before, the Smiths walked to the main chairlift, where they saw a sign that read, "Due to the unusually large crowds, SnowMo regrets that it cannot honor any complimentary lift tickets until January 15." For Bob and Edna, this was the last straw. They told Willie and Jean to collect their equipment, packed the family car, and headed for home.

Bob and Edna are convinced they have a legally enforceable claim against SnowMo. Do they, and if so, for what?

全力以赴侵权法

侵权法的考试是在2002年1月21日。我们倒是有足够的时间复习。虽然Calebresi教授和蔼可亲,但是侵权法几乎一个学期都是糊里糊涂的,所以大家对于考试是不敢掉以轻心。因为有7个研究生选修了Calebresi教授的侵权法,所以晚上大家常常在一起复习,讨论那些复杂的原理规则。可是很多案例却是越看越糊涂,非常烦恼。

有天晚上12点,芭芭拉回到宿舍,把沉重的书包往地上一摔,"我在图书馆看侵权法,实在太无趣,我都要哭了,晚上要去看电影。有了四份不同的复习提纲,对照着看本来是想要看得更加明白一些,却是想不到地更加糊涂。"这也是我的感受。Ives v. South Buffalo R. Co.,美国侵权法上一个最经典的案例,Calebresi教授在课堂上讲了至少也有十次。看了几个小时,仍然不敢说完全明白法官的逻辑推理和论证分析。180个案件要读,如果每一个案件要几个小时才读懂的话,我也觉得要发疯了。同学那里传来的复习资料在我桌子上至少有一尺高,我看了三天以后还是满头雾水,恨不得把书给扔出窗外。

那时候,给家人的信里面这样写着:"1月真是太恐怖了,累和苦你无法想象,生活之单调和紧张你也无法体会。耶鲁的学位不是好拿的。这样大的压力在中国的时候没有感觉过。有时真想做个逃兵,又不可能。"

上课的时候侵权法就上得最痛苦,天天冥思苦想,考试的时候也是一样,原因大概是在于侵权法这门学科本身就是一个无解的矛盾。考试题目是一个案例加一个问答题,比合同法的量要少。可是一个案例里面涉及的纠纷却是几十个,好像把侵权法里面绝大多数的原理都用上了,让你眼花缭乱。问答题倒是我事先就估计到的,因为"9·11"事件,教授整天在课堂上讲人类如何对付灾难,所以必然要考我们这个问题。

我将耶鲁法学院2001年秋季侵权法考试题目附录在此,供读者朋友参考:①

第一个是案例分析题:

Holly Homeowner and her long-time companion Ivan Inhabitant were looking forward with great excitement to the New Year, 2002. After saving for many years, they had purchased their own home on Xavier Road in the small city of Yorkville. Actually, the formal closing was not scheduled to take place until January 2nd. But the seller, Sam Settler, had given Holly and Ivan access to the house at the end of December so that they could make some improvements before they moved into the house. That's what Holly, Ivan, and their friends Alice Amie and Bart Buddy were doing around 5:00 in the afternoon on December 31st. All of a sudden there was a loud sound, the small house shook, the back wall of the house caved in, and the non-shatterproof windows in that wall came

① 感谢Calebresi教授授权我在此书中引用2001年的侵权法考试题目。感谢Calebresi教授的秘书Susan女士的帮助并寄来教授的名著《悲剧的选择》。

crashing down with shards flying everywhere, all followed by the protruding end of a large blue construction crane.

Bart and Holly had been working in the living room in the front section of the house, and they came running to the back bedroom where Alice and Ivan had been painting. The collapsing wall sprayed broken wood, wallboard, and glass on Alice. Although Ivan was not hit by debris, the invasive crane and the shattering house frightened him. He fell off the ladder on which he had been painting the ceiling, and the open cans atop the ladder sprayed paint everywhere as they and the ladder tumbled. Alice was badly cut and complained of severe pain in her leg, on which a large piece of wall had landed; Ivan, in a state of shock, was unable to speak.

Holly called 911, which dispatched a Yorkville police officer, Peter Patrol, and an emergency service crew of Every Emergency Enterprise, a private company with whom the city contracted for emergency medical services. Ruth Rescue, who headed the crew, and Patrol assessed that Ivan was not physically hurt, just in shock. But they thought that Alice needed immediate attention, and Rescue took her to the hospital. Alice was fortunate as her cuts were easily treated and her leg, though badly bruised, was not broken. Nevertheless, the doctors advised her to rest for a week before she returned to her job as a teacher at the Yorkville Middle School. Since Alice had already used all the sick days and personal days that the teachers' contract provided for the academic year, staying home cost her four days' salary. (New Year's Day was a holiday.)

Ivan seemed to come out of his state of shock. He regained his ability to speak, but he kept complaining that his head hurt. On New Year's Day, Holly was getting more and more concerned, and she decided that a doctor should see Ivan. She drove him to the emergency room where the staff determined that Ivan had suffered a mild concussion and that he had badly sprained his wrist when he had fallen. Because of the concussion, the physician, David Doctor, admitted Ivan to the hospital for observation. On January 3rd Doctor and his colleagues determined that Ivan was well enough to go home, but they warned that he might suffer severe headaches and intermittent nausea for several months. This news left Ivan depressed and Holly very distressed that Ivan would not be himself for so long a period of time. Also, because Ivan was not at work on the 2nd, he missed the opportunity to be assigned an extremely lucrative new account at his advertising firm; it went instead to his rival, Valerie Vendor.

The four friends who were working on the house were not the only folks affected by the crane's "visit." The loud crash of machinery, wood, and glass and the vibrations disturbed patrons of George's Gastronome, a trendy café several doors down from the accident scene. New Year's Eve revelers had begun their celebrations early at the Gastronome. Some were so upset that they just grabbed their coats, ran out the door, and never returned.

A few hearty souls, including Nancy Nevermind and Oscar Overhead, looked around, realized that all was well at George's, and went back to their tables. Before the disturbance had occurred, Nancy and Oscar were about to order the seafood bisque for which George's Gastronome is famous. But Nancy is allergic to scallops, and just as the crashing sound filled the air and the place shook, she was in the midst of asking the waiter, Tom Table, what was in the bisque. By the time Nancy and Oscar returned to their seats, Tom had brought them the two glasses of champagne they had ordered and two bowls of the seafood bisque. Nancy ate a spoonful of the bisque, remarked that it tasted wonderful, and then, dropping her spoon, she started coughing uncontrollably. She reached for some antidote pills, and they provided a bit of relief. But Oscar rushed her out of the café and into his sportscar. He drove at breakneck speed to the hospital, ignoring red lights, stop signs along the way, and the door of Larry Leadfoot's parked car, which Larry had left open as he ran back into his house for a package he forgot and which Oscar hit as he passed. The emergency-room team provided quick relief to Nancy, but she and Oscar never made it to the Yorkville New Year's Eve Grand Ball for which they had bought tickets at \$ 250 each.

The crane, it turns out, is owned by the Creative Construction Company, and it was being operated by Walter Wisdom, a Creative employee, to install a shed on Frank Farmer's land, which is located up the steep hill from the house that Holly and Ivan had bought. The crane had rolled about 300 feet from Farmer's property to the house on Xavier Road. The police's initial examination of the crane, as it had come to rest, indicated that the brake was not in place on this piece of equipment made by Marvelous Machine Manufacturers. Yorkville requires that any property owner engaged in new construction must obtain a building permit; violators are fined \$500 per day, and any contractor working on property that lacks a permit is subject to suspension of its license. There is no record at Yorkville City Hall that Farmer secured such a permit.

Who may be liable to whom, for what, and why? If your legal conclusion depends on additional facts not provided here, identify those facts and discuss how they would affect your analysis. (Feel free to refer to the parties by initial, e. g., Alice Amie can be referred to as A.)

第二题是问答题：

A recent newspaper opinion piece offered the following critique of accident-victim compensation in the United States.

The costs of accidental deaths and injuries in the United States are staggering—approximately \$500 billion each year. Nor are typical accident victims responsible for their own losses. Of the hundreds of thousands killed or injured in accidents in the United States each year, for example, 40,000 die in automobile accidents. Some of these victims are negligent, but many of them, like passengers or pedestrians, are not. Almost all of the nearly 600 people who die in railroad accidents each year are faultless. And these are only the deaths; serious injuries are far more common.

The typical accident victim must follow a tortuous path. First she must find a lawyer who sees a profit in taking her case. Then she will embark on a long adversarial process in the courts, where she must prove, among other things, precisely who caused her loss and that the wrongdoer was negligent. If she does prove this, and obtains a judgment, she must then try to collect it—and a third of that recovery will typically go to her lawyer. If she fails to prove her case, of course, she receives nothing. No wonder that only one injured accident victim in 10 attempts to collect compensation. (This proportion rises to about five in 10 for those injured in auto accidents.)

There are strong arguments for moving to a system in which all incidents that inflict large losses on innocents are compensated through an administrative claims process that assures swift, certain payment on a no-fault basis. Indeed, states established workers' compensation programs almost a century ago for industrial accidents. In 1932 a similar approach was proposed for automobile accidents, and some states have passed plans that mix tort and no-fault elements.

The federal government has created special compensation programs for a few narrow categories like childhood vaccine injuries, black lung and nuclear accidents. These programs are designed partly to reduce the income-based disparities in awards so characteristic of the tort system.

No-fault compensation is no panacea. All of these reforms are plagued with difficulties because the goals of reducing accidents, compensating victims and avoiding fraud at an acceptable cost cannot be fully reconciled.

You have been invited by the newspaper's editor to write an opinion piece of your own providing your assessment of this critique. What are the principal points you would make?

二、从从容容上考场

2002 年 5 月 10 日，我们所有的课程结束。毕业前时间安排非常紧迫，毕业的学生忙着整装待发。5 月 24 日这个春季学期就正式结束。5 月 27 日就是全耶鲁激动人心的毕业典礼。所有的考试都必须在 24 日前结束。

5 月 14 日，复习三天后，我决定先把版权法考完，因为美国版权法的原理我自认为还是有把握的。考完版权法后就可以集中精力来复习我最讨厌的课程“商业组织”（Business Organization），其实就是公司法。到教务处把美国版权法的试卷拿回我的书房一看，发现是一个案例加一个问答题。问答题考的是“合理使用原则”在数字化时代是否仍然合理。这一问题也是美国版权法一个大的争论焦点。因为有了 1 月份考合同法和侵权法的经验，这次考试的感觉就相对轻松一些，基本上是从从容容上考场的心态。不到三个小时我就不慌不忙地把磁盘交给了教务处。

也可能是考虑到我们马上就要毕业,这一次的考试成绩在毕业典礼前就全部出来了。我真的是不能相信,我的版权法居然得到了“荣誉”(Honor)的成绩。我只花了三天时间复习这门课程!赶紧到电脑房把我的版权法考试答案又打印了一份出来,细细研究一番之后,发现虽然语法错误不少,自己答得还确实不错。

至于我花了十天时间复习的那枯燥的公司法,不过是得了一个“通过”(Pass)。Hansmann 教授是我所修过的课程中一个特殊的例子,也是法学院的特例。他的课程能够得到“荣誉”的人很少,而且他还把学生成绩排名,虽然不公开,但是你自己可以去他的秘书那里去看。不过,因为耶鲁法学院是没有分数和排名的,所以你只是可以看到你自己的成绩是“Honor”还是“Pass”,知道你自己在整个班级里面的情况,但是看不到别人的成绩。我去查看了一下,发现我后面还有几十个学生,倒也足够自我安慰了。

以前总是不大明白,英语不是中国人的母语,可是大陆去美国留学的中国学生的成绩总是非常优秀。现在想来至少有两个原因,一是中国学生从小就养成了刻苦、勤奋的良好学习习惯,二是中国的教育制度使中国学生从小养成了看重分数和考试成绩的习惯,到了美国这个陌生的国度就更加的努力和发奋,因为优异的成绩是他们在美国立足的条件。虽然我来耶鲁一不是为了成绩,二不是为了念了学位找工作,我始终看重和关心的都是我十几年来一直研究的法学领域,但是中国教育和文化根深蒂固,一个好的成绩仍然可以让人欢喜。

快要离开耶鲁前,有天下午我站在法学院大门口等朋友,看到我们那位年轻的版权法教授抱着他的孩子正要开车门，我便上前向他致意道谢："谢谢您，教授！您可能不记得我，但是我非常高兴我的版权法得到了'荣誉'的成绩。""Hi! Jianmei, you did a great gob!"他居然叫得出我的名字！我在国内教学生的时候，很多学生的名字我都记不住。这是唯一一个我没有请教过、没有机会深谈过的教授，一个我始终不知道如何准确地念他的名字的教授。他的名字是Gideon Parchomovsky。可就是他，使我得到了一个"荣誉"，让我的耶鲁法学院的成绩单因此增色。我看着他的背影，心里面充满了感激和敬意。

一个老师，可以怎样地改变一个学生的生活，又怎样地让他的学生铭心不忘。我想起近十年来，每年元旦，我都能收到一些学生的贺卡，写满新年的祝福，我不知道他们是谁，也不记得是哪一年教了他们，教了什么课程。现在想来，这些都不重要了。一个学生能够在踏上繁忙的工作岗位后如此固执地记住一个老师，总是有原因的吧。

09

第九章

毕业典礼

Chapter 9. May Commencement

一、毕业典礼——终生难忘的盛大庆典

在耶鲁最后的日子似乎是在忙乱中度过的。2002年5月24日是考试的最后一天，紧接着就是各种形式的毕业庆典活动。

2002年5月26日，星期天

我睡到11点半起来，赶紧去领毕业典礼上要穿的衣服。一出研究生宿舍，就发现校园里一片热闹景象，街上摆出了很多小摊，都在卖耶鲁纪念品。书店里更是从未有过的拥挤。在耶鲁的大街小巷，到处是戴着各色各样的帽子、穿着黑袍子的毕业生，还有他们来自世界各地，穿着自己民族特色的盛装的亲朋好友，将平时宁

PRAESES ET SOCII
UNIVERSITATIS YALENSIS
IN NOVO PORTU IN RE PUBLICA CONNECTICUTENSI OMNIBUS
AD QUOS HAE LITTERAE PERVENERINT SALUTEM IN DOMINO
SEMPITERNAM NOS PRAESES ET SOCII HUIUS UNIVERSITATIS
FENG JIANMEI
SECUNDI HONORIS ACADEMICI CANDIDATUM AD GRADUM
TITULUMQUE LEGUM MAGISTRI
ADMISIMUS EIQUE CONCESSIMUS OMNIA IURA PRIVILEGIA
INSIGNIA AD HUNC HONOREM SPECTANTIA
IN CUIUS REI TESTIMONIUM HIS LITTERIS UNIVERSITATIS
SIGILLO IMPRESSIS NOS PRAESES ET SCRIBA ACADEMICUS
SUBSCRIPSIMUS NON. IUN. ANNO DOMINI MMII
ET UNIVERSITATIS YALENSIS CCCI

Linda Koch Lorimer
SCRIBA

Richard C. Levin
PRAESES

2002 届耶鲁法学院学生毕业典礼
一年的苦读,终于拿到了这张拉丁文的耶鲁法学院毕业证书。

“Photograph Courtesy of Yale Law School”

静的校园变成了纽约的百老汇。一位中国来的母亲正拎着一件蓝色的耶鲁T恤迎面过来,只听见她兴奋地说:“这是耶鲁的标志哎!”这些毕业生的父母们、爷爷奶奶们、外公外婆们比毕业生本人还要骄傲,还要高兴。

下午5点到7点,Kronman院长在餐厅举办法学院的毕业晚会。来自非洲、亚洲、欧洲和美洲的亲友们在此欢聚一堂。有一个家族特别的醒目,好像有六七个人,穿的是鲜艳夺目的花连衣裙,头上戴着高约1尺的形状奇特的帽子和装饰品。我以前只是在电影上见过这样的打扮,那天在她们身边走来走去,恍惚是在电影制作间,有一种不真实的感觉。我不知道这些美丽的黑人妇女来自哪个国家,可是那天的晚会上她们是一道最亮丽的风景,时刻提醒着我耶鲁是个国际化的大学,而耶鲁法学院则是一个国际化的法学院。

2002年5月27日,星期一

耶鲁大学为2002届所有毕业生在旧校园举行盛大隆重的毕业典礼。

我们一大早就起床,根据校长办公室事先指定的地点去集合,等待入场和正式仪式的开始。9点40分,研究生项目主任、盛装的Annette来到我们的队伍中,拥抱亲吻我们每一个研究生。大家摆着同样的微笑和我们慈爱的母亲一样的Annette合影。这些微笑啊,第二天凌晨开始就被同学们陆陆续续装进了一个又一个行李箱,飞向了世界的各个角落。

9点半到10点半,从法学院到旧校园本来是5分钟的路程我们用了一个小时才完成。街道两边是数不尽的相机和摄像机,夹道欢迎的亲友队伍比我们毕业生队伍要庞大得多。我有一个朋友是美籍华人,单他家里就来了11个人。在雄劲的进行曲中我们走进主会场。Eleni紧握着我的手,向我欢呼:"建妹,祝贺你!"进行曲一支又一支的演奏,振奋着会场,激动着人群,此时此刻,此情此景,令我们几乎是热泪盈眶。

毕业典礼开场是耶鲁大学的牧师首先致辞,欢迎大家来参加耶鲁2002年毕业典礼。第一个被授予学位的是耶鲁学院,欢呼声中,蓝色的气球飞扬在校园的上空。轮到授予法学院学位时,法学院的学生站起来齐声呼喊着"Tony! Tony!"这位法学院的精神领袖的名字,场面之热烈,令人无法不动容。

毕业典礼上,耶鲁大学还向一些有特殊贡献和成就的优秀人士颁发耶鲁的荣誉学位。当美国联邦地区法院的法官罗伯特·卡特(Robert L. Carter)被授予荣誉法律博士的时候,全场起立,表达对这位民权法官的尊重。

36岁在耶鲁法学院的这个典礼,我将终生难忘。

二、Kronman院长在毕业典礼上的致辞:世界在期待着你们![1]

耶鲁大学全校毕业典礼结束后,我们法学院的学生又尽快回到我们自己的小花园。12点半到2点半是我们法学院的毕业典礼。和耶鲁大学的毕业典礼同样的隆重,法学院小花园里挤得水

① 感谢Kronman院长允许我将其演讲翻译成中文并在该书中使用。

泄不通。

如同在开学典礼上颇具感召力的演讲一样,Kronman 院长在毕业典礼上的演讲同样深刻感人。

尊敬的来宾,各位同事,家人,朋友,父母,还有毕业班的成员:

欢迎你们参加耶鲁法学院 2002 届毕业典礼!

每年,耶鲁大学都会给各领域的杰出人士颁发少量的荣誉学位。当其中一个学位的获得者是法律专业的时候,有时我们荣幸之至能够说服获奖者在进行完老校区的活动后参与我们法学院的毕业典礼。今年我们的确非常幸运,因为就在今天早些时候,耶鲁大学将法律博士名誉学位授予了法官卡特,美国纽约南部辖区联邦地区法院法官。一会儿,卡特就得去参加为这些学位获得者们举办的庆祝午宴。但在他走之前,他很乐意为我们说上几句。

自本月起再过两年,美国将到达一个具有重大意义的里程碑,那就是联邦最高法院对"布朗请求黑人与白人孩子同校案"(*Brown v. Board of Education*)判决的 50 周年纪念。在 20 世纪,从没有一桩案件能对一个国家产生如此大的现实意义和道德意义。"种族公正的理想就是美国的理想",布朗案这一简单的誓言,一直是我们法律传统的最好表达。布朗案是一块试金石,通过它我们可以检测美国梦的价值,以及实现它所需要做的大量工作。布朗案,对于我们而言,是一个基础的课本,就像独立宣言和葛底斯堡演说。那些协助最高法院对此案判决达成共识的人的名字,也被永远载入了法律的荣誉名册。法官卡特就是其中之一。他参加了布朗案和其他一系列在它之前和之后的著名的民权案件，这些案件本身的名字将一直是参与人员荣誉的象征和所有美国人的骄傲。我们现在生活的世界正是由这些案件构筑的，我们应感激这些办理案件的人们，包括法官卡特。

在过去的30年中，法官卡特一直担任美国纽约南部辖区联邦地区法院法官。其间，尽管他工作很繁重，卡特仍然抽出时间和精力写了大量关于歧视问题的文章，并在一些法学院里任教，我很荣幸地说，耶鲁法学院就是其中的一所。卡特法官对于法律的贡献是巨大的，他决心消除歧视的誓言对于我们这些将追随他所开创的道路的人来说，无疑是一种动力和鼓舞。请与我一起欢迎他回到耶鲁法学院并参加我们2002届的毕业典礼。

……

现在我们进行到了一个让毕业生及其家人期盼已久的仪式——授予学位仪式。但在这些学生的名字被公布之前，我想他们会希望我向那些付出辛勤劳动、从而使今天变得如此难忘的人们说声谢谢。我衷心地感谢所有为了使前台完美而在幕后付出辛勤劳动的人们：感谢 Natalia Martin，她的仁慈友善赢得了我们每个人的信赖；感谢 Mike Thompson，他处理大大小小各类问题的创造性、专注度和关心度使这所学院每天得以正常运行；感谢那些充满智慧的、任劳任怨的耶鲁法学院的教工们，他们为我们的社区做了太多的贡献。当然还要感谢法学院热心的、不倦的注册员 Zina，她对于秩序的严谨态度使得以创造性为特色的耶鲁法学院得以和谐发展。这是她作为注册员出席的第17个毕业典礼，在今年7月底，她将离开法学院,那时她会了解,数以千计的像你们这样的毕业生是多么尊敬她,并将永远记得她的慈爱。她已经送走了许多的毕业生,我想此时她也应该穿上博士服,戴上博士帽站在台上,接受我们的感谢,这才是最适合的。

还有一些人是我要感谢的。对于我们这些教工来说,看着我们的学生圆满毕业,的确是件值得欣慰的事。就某种意义而言,通过帮助他们获取成功,我们也得到了一种个人的满足感。但从没有一天,我和我的同事们如此强烈地感到,我们对于学生们的贡献只是一小部分。的确,我们曾教过他们一些知识,给过他们一些建议,并引导他们步入法律的殿堂。但是在此之前,他们已经是充满天赋、有着坚定的价值观、并胸怀大志的人们。我们作为教工并不能将这些也归功于自己。我们是他们生命中的后来者,并只照料他们一段时间。功劳应属于那些一直呵护着他们的人——那些今天到场、见证你们的儿女、孙子孙女、侄儿侄女、兄弟姐妹、伴侣以及朋友的毕业盛典的人们。真的,你们的关爱、支持、鼓励和教育一直是他们生命中最长久的力量。所以,在我们的典礼往下进行之前,我想请所有的毕业生和我一起,向他们热心的教导者,真正引领他们成功的老师们,那些养育并给他们关爱从而使他们能够独立地取得我们今天在此为之庆祝的成就的家人及朋友,表示最崇高的敬意。

……

每年,毕业生都将选出一名教工代表在典礼上发言。这完全是他们自己的选择,所以,这对于被选中的教工来说,无疑是一份特殊的荣誉。今年,学生们推选出了我的同事 Jean Koh Peters 教授。我知道其中的原因。

Jean 在法学院的教学以她对所接受的当事人和所监督的学生的人性需求的罕见重视而著称。事实上,这两者是紧密相连的。对 Jean 而言,当事人不仅是一个碰巧有了个名字的法律问题。对她而言,当事人首先是一个有着恐惧、希望、兴趣和需求的人,而正巧他现在需要法律的建议。当然,这暗示了一种关于律师与当事人关系的更高要求的观点,这同时也加重了帮助人们通过法律途径寻求解决问题的方法的律师们的责任。许多律师都宁愿回避这一点,但 Jean 所具有的强烈的专业责任心使她走向相反的方向,如果更需要的话,向一个与她的当事人的关系更完满的方向发展。就此意义而言,也许会有人说她本着一种人文精神在从事法律实务,这种精神听上去似乎该是一种规范,但事实上却是非常稀有的。

她以自身的正直和富有同情心给学生们上了人道主义的一课。当然,她的学生学到了很多关于儿童的权利和政治避难的申请。他们学了很多错综复杂的残疾人法和不为大多数人所知的民事案件程序的不为人重视的地方。而最重要的是,他们学到了一个好的律师首先必须是一个好人,专业素养应既能深入法学最平实的方面,又能赋予法律实务以生命力和人文价值。在学完这课后,Jean 的学生们都领悟到,要做一个好律师得付出多少,也亲身感受到回报的同时也意味着责任。那些有幸与 Jean 共事的学生将永远不会忘记这一课。他们在今后的生活中会继续从中汲取力量。所以,这当然是 Jean 作为老师给他们最好的礼物。请和我一起欢迎这位毕业典礼的演讲代表。

……

我们的典礼将近尾声了,我们的一学年也将近尾声了。学年的安排与一年四季的安排相去甚远。第一学年,在秋天,结束了。当日历上的一年即将结束时,进行到一半的第二学年又将在春天继续。然而日历和学年都提醒我们生活中一些持久的特点。秋去冬来,春天也将接踵而至,这些都在提醒我们世界的永恒,这个包容着一切循环和四季,以及被柏拉图称为"可见的永恒"的群星包围下的宇宙的永恒。

这一学年,伴随着它的日常节奏,它令人熟悉的开始与结束,提醒并再次向我们证实了另一种永恒。这是一种人类研究的永恒,人们世代关心和致力的事业的永恒,它们的长久性对于文化、艺术、科学和法律领域的重要性是不言而喻的,这种重要性就如同繁星的长久性对自然世界所创造出的美丽但冷漠的天幕一样。因此,借着这个表示一学年结束的毕业典礼,我们记录下了生命中一些永恒的东西,庆祝这个比任何人的寿命都长的,并不受人类寿命长度限制的法学院继续蓬勃发展。

但当然,我们都清楚这一区别是相对的,我们的研究机构也会经历诞生和消亡的过程,就像在其中工作过的普通人一样。现在我们甚至知道那些连柏拉图都不知道的事:天空中那些永恒不变的星星也有自己的生命史,因此所谓的"可见的永恒"也有了变化。诗人Rilke写到,"即便在你内心,时间依旧飞逝"。我们知道自然的世界和文化的世界都是历史性的,我们标出季节的、那些有规律的、重复的日历为变化的过程蒙上了一层永恒的面纱。

对本学年做一个总结,历史正像一头公牛来势汹汹。当这一年开始时,耶鲁大学正在为它的300年校庆做准备。谁还能为这所比美国历史还悠久的大学惊人的长久性找到更有力的象征?但在我们的学期刚刚进行到两个星期时,我们的世界被震撼了。我们对于永恒的信心,对于曾经认为理所当然的安全、自由、社会安定、全球人类文明的信心完全被动摇了。仅仅在一个早上,仅仅在一小时内,我们认识到了人类世界的脆弱和易受伤,而此前我们是如此信赖它的永恒。

在“9·11”悲剧事件中,这也应计入我们的损失:一个我们曾经认为没有太大威胁的世界的消失。自“9·11”事件后,我们一直生活在历史令人不快的氛围中,并且我认为我们将终身无法逃离。但是,我们在失去很多的同时,也得到了很多。在废墟中,我们找回了曾经失去或者被我们遗忘的东西。首先,是在那次袭击中所表现出的文明的价值和尊严,以及法律在其中的核心位置。虽然袭击者们否认法律文明,并杀害了许多无辜的人民,我们仍将法律文明作为全人类尊严的理想,作为保护人民自由的工具。这一文明将致力于公正的理想,并建立为这一理想付诸现实的程序和机构。这是一个建立在信仰上的文明,这一信仰就是法律以及法律的保护并不是某一特定社区、国家或宗派的特权或者财产,它属于法律所归属的整个人类。这一文明也将致力于扩大法律的权威和效力,直到它实践了保护全人类自由的诺言。这是一个负有使命和责任的文明。在“9·11”事件以后,世界上的每个人都知道,有人妄图摧毁这一文明。

美国并非一个完美的国度,它在法律上还不够健全。但美国一直以它的雄心为骄傲,即便还没能达成这些梦想。在美国人民心中,没有一种理想要比成为生活在法制社会中的民族更为光荣。"9·11"事件中,我们失去了很多,许多生命在颤抖,许多信念被摧毁,但要成为生活在法制社会中的民族的志向和将这一志向传播于世的信念不会动摇。也许有人会说,它曾丢失过,但已经被找回来了,并且比以前更坚定。不管未来对于美国和全世界还有多少不确定的因素,有一点是肯定的,而且比以前任何时候都肯定,那就是——我们的法律文明是我们作为一个民族最引以为荣的东西,它值得我们付出每一份智慧、想象力和勇气。

我想对今天毕业的学生说,你们将担负起保卫的使命。你们继承了一个伟大的文明,它因有崇高的理想而高贵。这一文明致力于自由和可以使自由得到维护的法律保护。在充满疑虑的时候,当未来还无法看清的时候,这一文明的命运将直接依靠那些相信它的价值的人们,特别是那些被委托来保护法律文明的人们,例如你们,你们都必须引以为荣并发扬光大。

我已经给了你们一个你们自己并未要求的任务,但所有伟大的任务都是如此。正如我所了解的你们,我一点儿也不怀疑你们将接受这一挑战。你们是我的期望,是我们的期望,也是世界的期望!

当 Kronman 院长用他那特有的低沉而有磁性的声音结束他的演讲,说出最后的句子——"I am counting on you. We are counting on you. The world is counting on you."时,全场掌声雷动。Kronman 院长的演讲充满激情、豪情、才情。没有比这更加好的激励年轻人的演讲了,他将历史的重任、世界的重任就这样轻轻地交到你柔嫩的肩膀上。明天,园子里面这些耶鲁骄子,将背负着 Kronman 院长所赋予的重任,走向世界的每一个角落。

三、最后的惊喜

法学院的典礼结束后,研究生项目主任 Annette 让我们立即去 129 教室,说是有一个特殊的礼物要送给大家。已经是下午 2 点多,大家都是一大早就起床,抱着激动的心情迎接自己一生中最重要的时刻,一天之中这么长、这么多的典礼让人有一点兴奋过度、筋疲力尽的感觉。所有人此刻都是又累又饿。

可是走进 129 教室,当以色列同学 Nimrod 把他的电脑一打开,我还是被他的精心制作震惊了。这是一套由我们全体研究生从 2001 年 8 月入学以来的照片和耶鲁的建筑、景致组成的幻灯片。从我们一开学的学前培训,到可爱的 Harrison 教授充满欢声笑语的法律写作和研究课,到每一次的聚会,郊游,到毕业前的晚宴,一年的耶鲁生活像电影一样清晰地再现在每一个人面前。他选配了优美的音乐,展示这些照片时候用了很多特殊的技术,配上法学院那些精致高贵的建筑,编辑得如此自然。这是多么诱人的一幅耶鲁法学院研究生生活画!在海边,在教室,在餐馆,在草坪上,这个国际化大家庭无时不显示着快乐和友爱。

不得不佩服这些欧洲学生,既能搞好学习又懂得享受生活。亚洲学生有时抱怨说欧洲学生总是占主导地位,起领导作用。事实上,大部分亚洲学生因为语言问题,本身应付法学院的学习已经难以自如,很难再有时间和精力来从事太多的课外活动。我不知道Nimrod究竟保存了多少我们同学的照片,也不知道他从什么时候开始设计做这个项目,半个小时的“最后的惊喜”,他和班上那些欧洲学生用了多少时间我也无法猜测。但是,这份特殊的礼物使得在场的许多家属在惊喜地看到自己的孩子、丈夫、妻子、哥哥、姐姐在耶鲁真实生活的同时落下了感动的、喜悦的泪水。

四、写满“爱”的白衬衣

虽然白天一天的毕业典礼从体力和精神上都已经非常疲劳,但是大家还是决定当天晚上研究生做最后一次的团聚,因为有的同学第二天早上就要离开耶鲁。

5月27日,晚上10点,大家最后欢聚在NBC记者Adam的家中,豪饮畅谈。天下没有不散的宴席。这些来自不同国家、生长在不同的文化和语言背景下、有缘在耶鲁法学院相识相知相爱的同学,总是要说再见的。在中国,很多大学同学毕业以后天各一方,10年或者20年无法相逢是常事。这些来自世界各国的同学分手以后何时再相见我实在无法预料。我和阿根廷同学Marina说再见时,她抱着我一遍遍地问,难道我再也不能见到你了?说着眼泪就流下来了。我的朋友,相见总有时,只是暂时无期罢了。在这里,我感受着世界上最纯真的友情,尽情地跳,尽情地醉,尽情地哭吧。

凌晨2点的时候,我的拉丁美洲朋友们还在忘情的跳舞,Aida那

写满“爱”的白衬衣

Aida 这件烧坏的衬衣后背上写满了我们同学的“I LOVE YOU”，记载了耶鲁法学院一年的美好时光。

件漂亮的白衬衣被蜡烛燃烧起来。同学们在她这件烧坏的衬衣后背上写满了“I LOVE YOU”。凌晨3点,回到家,Aida还在看着这件衣服,她将这件破衣服穿上,让我帮她照相。我分别用我们两人的相机,在我们的客厅,在这个曾经留下我们无数欢声笑语的小客厅,替她留下了她一生中最难忘的一个夜晚。

耶鲁法学院的一年,学位只是一个小小的收获。学习如何爱人,被人爱,发现爱,享受爱,珍惜爱才是最大的收获。有爱才是一个完美的人生,是爱心使我们在耶鲁的生活变得如此的美好。我在整本书里面都在讲爱的故事。是的,耶鲁的故事,是友爱的故事。

五、泪别康州

2002年5月28日,星期二

转眼一切都变了。早晨起来,室友芭芭拉已经在打包准备离开。她找出一张5英镑的纸币给我的女儿冬冬做纪念。12点送她下楼,我无法说任何的话,她的妈妈拥抱着我说:“好姑娘,好好照顾你自己和你的女儿。”芭芭拉的父母是电影中可以看到的典型欧洲知识分子的形象,和她告别,珍重再见。

去年8月搬进来时的情景历历在目。耶鲁的一个学年就在不经意间结束了。

2002年5月29日,星期三

上午在法学院遇到同学Gonzalo和Ronald,大家拥抱说再见:“建妹,告诉冬冬我们爱她,因为我们爱你。”我不知道5月的离别会

耶鲁法学院的绿草茵茵的园子里面，
我和聪明、热情的希腊同学 Eleni 留下告别前的笑容。

我们的『玫瑰世界』

是这样艰难。几个月前他们两人骗我要穿过大片墓地才能到一个本科生餐厅吃饭的情景如同昨日。Gonzalo 和 Ronald 是唯一一对住在研究生宿舍的男研究生,我们五个人常常一起在楼下餐厅吃饭,晚饭后,有时他们俩也到我们宿舍来看一会儿连续剧“朋友”。Ronald 为人特别认真,还记得去年 11 月我的生日晚会以后,Ronald 帮我改感谢信,连大小写错误都给我指出来。他还特别会包装礼物,我从中国带来的钥匙圈和石头项链给他用包装纸包装精美无比。

中午,Eleni 在花园叫住我,送我两本希腊历史和艺术的书,也算是分别的礼物。她在书上附了一张卡片,话语是那样的甜蜜:“To my beloved friend Jianmei, who is a joy and a source of inspiration to anyone who meet her with the request ...”

5 点半在图书馆草坪前遇到中国学生胡霁光。我们坐在草地上聊天,从美国的程序法聊到中国法律。我们又讨论中国的未来,中国在 20 年间惊人的进步和发展,怎样才能为中国做一些事情。他问明年有谁来念研究生,我说有两个年轻的北大学生。他说:“你明年如果还在耶鲁就好了。”其实我很歉疚,我按理是你们的大姐姐,可是我几乎从来没有时间来关心你们……

晚上 8 点回到宿舍,问 Gonzalo 是什么时候走的,Aida 红着眼睛不能说话。她最要好的五个说西班牙语的同学都走了。如果我是 25 岁的年龄,我想我大概也会和她一样地伤心吧。我替她抹去脸上的泪花,拥抱着她,轻声说:“大家会再见的,会的,我们不是五年后有第一次的校友聚会吗,到时候我们都回耶鲁,而且说不定我们可以去西班牙旅游看你。”Aida 哭着说：“不一样的，即使我们再见，一切都是不同了。我们现在这样好，因为我们共同经历了这么多事情。”25 岁的西班牙女孩啊，天下没有不散的宴席。我默默地拥抱着我的同屋。

2002 年 6 月 18 日，星期二

晚上 9 点去看 Aida，她刚刚从我们三个人住的研究生宿舍搬出来。短短几天，她已经把一个简陋的公寓打扮得妥妥帖帖。那台我看不懂的西班牙电脑和小型打印机依然是她生活的核心，我知道她仍然孜孜不倦地追求着她的欧洲平等和联邦主义的学术梦想。

临走时，她送给我一个别有深意的礼物，是一个精致的耶鲁相框，里面的照片是“玫瑰世界”——她生日那天我们手捧红玫瑰的合影，身后的衣柜上是盛开在白色花丛之中的红玫瑰。看着这张照片我不禁黯然，多少快乐的时光统统都将变成遥远的记忆。虽然有时英文无法表达我们双方真正想说的意思，可是友爱可以弥补语言的障碍。这张被我们名为“玫瑰世界”的照片我一直和她要，她总是说，还没有时间去洗。我还隐隐有些许埋怨，却没有想到，这是她留给我的毕业礼物。

Aida 指着墙上的衣架说：“建妹，还记得吗，这是我到耶鲁的第一天你帮我买的。”一把衣架，在中国的杂货店里只是一美元，想不到我的朋友仍然记得。也许，人在困难的时候得到的帮助大概总是没齿难忘的。不过是我点滴的不经意的付出，却换来欧洲朋友如此深情细致的回报。

是什么样的机缘让我可以在耶鲁这样从容地再一次认识生活，

认识生命,了解美丽,又学习去欣赏人生中点点滴滴的感动,欣赏友爱,懂得感恩?17年前,当我从大学毕业的时候,我相信我一定是有过像今天一样的感动的,可是17年来在社会这个复杂的大染缸里,我已经把自己的棱角磨平。如同绝大多数人一样,看着周围的人在名利场上跌打滚爬,早已经丧失对真善美的感动,麻木不仁,每天做的是同样的事情,给学生们讲的同样的法律,没有激情。可是,17年以后再变成一个耶鲁学生,时光倒流,好像是把青春重新染色,使得我重新发现和享受单纯美丽的生活。

郝倩总是对我说:"你的身上有一种特别的磁力,使别人愿意亲近你。"其实我没有任何特别之处,如果有,也许是因为我愿意相信、也愿意去发现人的善良美丽的人性。我愿意做一个发现美、感受美、欣赏美、创造美的人。我对于日常生活中发现的点滴美丽都非常感动和珍惜。我想,一个可以发现美丽的人是永远都不会老的,因为心里面有那么多的活力,对生命的尊重,对美丽的渴望。

如同Harrison教授在开学典礼上的演讲所倡导的——"把你自己培养成一个可爱的人"。我也想把自己培养成一个可爱的人。我愿意是别人感到快乐的源泉。如果我可以为朋友帮忙,我愿意尽我所能;如果我不能帮忙,我愿意是朋友的听众,是朋友可以在深夜里电话哭诉的对象,为朋友分担痛苦和忧愁;朋友快乐的时候,我的存在可以增加一点生活乐趣。

六、中央公园最后的晚餐

在我的美国生活中，我是非常幸运的，我得到许多中国和美国朋友的无私关爱和帮助。除了耶鲁的老师同学，还有一位美国女性一直在默默支持、帮助、鼓励着我。这就是美国基督教高等教育亚洲联合董事会(United Board for Christian Higher Education in Asia，简称 UB 基金会)的中国项目主任安妮(Anne Ofstedal)女士。①

① 我和安妮的相识相知是非常有趣的。1997 年 10 月安妮女士照例来中国选拔访问学者，在她来中国之前 5 天，我突然得到通知，作为南京大学的候选人参加面试。安妮女士要面试英语口语。因为毕业后一直没有机会用英文，十几年下来，英语基本上已经丢光了，所以我不太想参加这次面试。而且当时女儿又很小，美国于我只是大洋彼岸一个遥远而陌生的国家，对于去美国没有太多的热情。法学院、人事处、外办的领导都鼓励我去参加面试，说被选出来作候选人已经是很大的荣誉、很好的机会了，安妮是个非常好的美国人，也会讲很流利的中文。这样也就只好硬着头皮去了。面试的那天，在用英语向她问好后就不知道该再讲什么。面试有 20 分钟的时间，我想傻坐在那里也很尴尬，不如就随便聊聊天好了。我不知道哪里来的勇气，对她说："听说你的中文非常好，我可以和你说中文吗？"我感觉她有几秒种的犹豫和困惑，因为面试的目的是看你的口语水平，说中文也就没有面试的必要了，但是她还是很快给了我答复，"Sure！"(当然)。

可以说中文，我就十分自如了。我对自己的专业和科研能力有绝对的信心。我 29 岁时就出版了中国第一部医学法专著，在侵权法领域也做了很多研究，是南京大学法学院最年轻的副教授，后来有人告诉我也是中国法学界最年轻的副教授之一。我没有去调查核实。但是这些都坚固了我对自己学术能力的信心。我简要地向安妮介绍了近 10 年的教学和科研情况。她认真翻阅我的《现代医学和法律研究》以后，对我说："你的研究不仅在中国是最前沿的研究，在美国也是很新颖的研究领域。我相信美国的大学会非常欢迎你去访问。如果你愿意学英语的话，我给你一年的时间，明年我再面试你。"

从我申请去耶鲁法学院,到我完成法学院艰苦的学习,安妮一如既往地给我支持和鼓励。耶鲁的毕业典礼后,我打电话说要去纽约看她。安妮告诉我,中央公园有露天的歌剧演出。于是,我们就相约到中央公园享受我们在一起的最后的晚餐。

2002 年 6 月 17 日傍晚,纽约曼哈顿。美丽安详的中央公园,成千上万的纽约人静静地坐着,或躺在草地上,悠闲地吃着各种食物。有人说,中央公园是上帝留给纽约的礼物。“9 · 11”的阴影似乎已经消退,孩子们和狗在草坪上快乐地玩耍,彩色的气球飘扬在中央公园温馨的夏风里。

坐在中央公园柔软的草坪上,聆听着华丽的歌剧,看着我身边这位娴静的安妮女士和她可爱的一双儿女,我回想起一年前在南京为决定是否应该来耶鲁法学院读书度过的无数不眠之夜。如果不来耶鲁,怎么能够和法学院这些世界级的大师进行面对面的交流,

---

1998 年我顺利通过安妮女士的面试,开始申请到美国访问进修。这时我发现安妮的话应验了。我寄出申请信不到一个月就陆续收到了 9 所大学的邀请信,其中包括美国最著名的常春藤学校——耶鲁大学和哥伦比亚大学。1999 年 9 月我赴美国进行为期一年的进修。

因为其他和我同一批的二十多位访问学者分布在美国的各个州,只有我只身一人在纽约,所以安妮女士对我的学习和生活特别关心,我们常常会互通电话或者写电子邮件,有空的时候也会请我去她家里吃晚饭。安妮的一对儿女特别可爱,非常懂事,甚是讨人喜欢,每次看到他们姐弟俩,想起自己的女儿,多少是一种安慰。她也很理解我的思家之苦。更加幸运和投缘的是,安妮的丈夫是个热情的北京人,为人很随和。最喜欢的还是安妮的家庭,竟是一种传统中国式的温馨和睦。所以每次去玩,我也就非常随便。在纽约的一年中,我和安妮就这样慢慢地从相知、到了解、到理解,从赞助人和被赞助人的关系转变成亲密的朋友关系。

怎么能够认识这么多可爱的来自世界各国的同学？耶鲁法学院，既圆了我的法学梦，又圆了我的文学梦。而这一切的一切，都是开始于眼前这位善良、慧眼的安妮女士。

相隔两年，终于又可以坐在一起畅谈，非常开心。我告诉她，我决定接受通用电气公司亚太区法律部的聘请，到香港工作一段时间。安妮非常支持，她说："你在学术界已经很多年了，写了这么多的论文，也显示了你的学术能力，可以到工业界工作一段时间，这会让你得到完全不同的工作经验和经历。"

当年我在哥伦比亚大学时，安妮总是说："建妹，你是很特别的一个人"(You are such a unique person!)。这一次分别前，她再次说到这句话："我知道你和别人不一样，你永远有那么多新想法，想挑战新东西。"安妮是第一个给我这样评价的人。后来，爱德华教授和 Gewirtz 教授也给了我同样的评价，使得我真正地认识到自己作为一个与众不同的人的价值。这种超强的自信，对自己能力和潜力的深刻认识和自信，在我后来的人生中是这样的激励着我、充实着我、振奋着我。

这当然不是盲目的自信和骄傲，自高自大或者是"井底之蛙"的自欺。

在我对自己有清楚的认识之前，我只是被动地跟随着我的命运在踏步，认识自己以后，才知道，原来是没有命运的，命运是你自己替自己安排的人生历程，绚丽或者平淡，随你编导。而我的人生至少不是浑浑噩噩的。所以我骄傲，我自信。

"你是独一无二的！"后来，我常常用这句话来鼓励我那些一时迷失自己、失去信心的朋友。

和安妮女士在中央公园最后的晚餐

对她,我无法说一句感谢。

感谢,太浅。是知遇。是感恩。

州的这辆大巴,将我送往肯尼迪机场,

从此结束我在耶鲁美妙的学生生涯。

七、再见！耶鲁法学院！

2002年6月19日，星期三

上午到法学院研究生办公室和Annette告别，她送了一盒精致的水果肥皂给我，还有一个是给冬冬的糖果。我的箱子越来越沉重，里面装的是朋友和老师们满满的祝福和爱心，西班牙美丽的玫瑰，希腊古典的艺术，南美洲热情的雨，韩国朋友深深的嘱咐，美国朋友温情的拥抱……所有的情意都让我装进小小的行李箱，跟我回中国吧。

耶鲁一年是生命里面最美丽的一年，同学、朋友和老师对我的友爱和欣赏不如说是对东方文明的仰慕和欣赏，我想我从头到尾，言谈举止都是一个普通的中国知识女性的形象。

我从来没有想到我会有幸和美国总统一样坐在同样的教室，同样的图书馆，聆听着同样的教授的教诲。更有幸的是，我不麻木，仍然能够被感动，被美丽的事情感动，被美好的人生感动，被善良的人性感动。

用你的心感受世界，用你的眼观察世界，用你的耳聆听世界，你会发现原来你拥有这么这么多。真情和自然万物一样是永存而且无处不在的，像白云蓝天，你要怀着敬仰的心抬头去看，你要去发现、感受、享受。

我不是一个基督徒，我不相信上帝，可是我真的感谢上苍，让我这样平凡的人可以以如此激动的心灵来感受美丽、珍惜美丽。

我的手轻轻抚摸着法学院大门口“Yale Law School,127 Wall Street”的小牌子,轻轻地对自己,也是对这座我度过了人生中最美好的时光的城堡说:“再见了,后会有期!”

下午5点,我离开耶鲁。我的朋友艺苑夫妇开车送我到大巴车站。艺苑帮我买了可乐,非要塞到我的包里,说也许在车上会口渴。其实耶鲁的大多数朋友从年龄来说都比我要略小,应该是我照顾他们才对。可是他们对我的照顾和呵护从2001年8月12日我踏进Orange Street的公寓一直到我离开。

这是我第一次坐大巴到肯尼迪机场。司机是一个极其和善又幽默的黑人。上了路,他问道:“你的家在哪里?”“中国!”我自豪地大声回答。他说:“你们中国人到处都是,人都很好,即使很忙,总还是很友好地和我们聊天。”

是啊!中国,是我的家。离家有多久了?一年了。不长啊。

10

第十章

永远的耶鲁——一生的牵系

Chapter 10. Yale Law School--My Lifetime Memory

一、耶鲁飞鸿

作为一个耶鲁毕业生,你的人虽然离开了耶鲁,可是有关耶鲁的信息却从未中断,耶鲁的信件源源不断地向你飞来,无论你身处世界的哪一个角落。

2003 年 5 月,我从香港办公室搬回上海,保安替我打开办公室的门,一眼看见的就是办公桌上满满的信件和卡片。整理的时候,发现很多都是耶鲁的来信。

2002 年 12 月 Kronman 院长在他 7 页纸的

长信中详细地介绍了我们离开耶鲁的半年中法学院发生的重大事件。我们了解到有来自 21 个国家、78 所大学的学生成为法学院的 2002 级新生,我们了解到耶鲁法学院在 2002 年的秋天举办了为期三天、名为“耶鲁、纽黑文和美国奴隶制度”的研讨会。院长大人还向大家报告了法学院最新人事变化,Henry Smith 和 Oona Hathaway 成为法学院教授队伍的新成员,我们的注册员 Zina Shaffer 已经正式退休,还有法学院举办的一系列其他讲座。

2003 年 5 月,来自法学院的信则是邀请校友参加曾经在 1955 年到 1965 年期间担任耶鲁法学院院长的 Eugene V. Rostow 教授的纪念会。

2003 年 5 月 21 日耶鲁法学院爆炸发生后不久,就收到 Kronman 院长的来信,向校友通报爆炸的具体情况:“没有人受到伤害,但是 120 教室、图书馆底层和校友阅读室受到了不同程度的破坏。所有爆炸形成的垃圾将在下周被清理出去。美国联邦调查局正在调查爆炸原因。”Kronman 院长说,在爆炸发生后的几个小时中,他收到了来自世界各地无数的电话和电子邮件,关心地询问法学院的情况。他再次自豪地宣布,虽然耶鲁法学院的地理地址是在纽黑文的华尔街 127 号,可是法学院真正的家和地址是在那些曾经在法学院学习和生活、现在又把法学院的精神带到这个地球的每一个角落的校友的心灵和脑海中。

2004 年中国春节来临的时候,我们耶鲁法学院所有的毕业生都收到了 Kronman 院长写来的长达 8 页纸的告别信。在向校友们通报法学院 2003 年的发展后,Kronman 院长向我们宣布,在耶鲁法学院担任10年的院长后，现在是和大家说再见的时候了，明年秋天收到的关于耶鲁法学院发展报告的信将是来自另一位新院长。院长先生充满深情地写道：

“Writing these letters has been, for me, an opportunity to pause and to gather my thoughts about an institution that I love, an institution that is worthy of love, and of our protective care ...

I look forward to the change. Much will change in my life, I suspect, but one thing I know will not: the friendships I have made in my deanship. Unlike the deanship itself, these friendships have no end... ”

我们亲爱的Kronman院长的信如其人，依然是那样情感洋溢、感人肺腑。

2005年夏天，Kronman院长给我们毕业生寄来了他编辑整理的新书《耶鲁法学院的历史》，这本装帧精美的书汇集了耶鲁300周年校庆期间的六个讲座。翻阅着这本书，300周年校庆的繁华历历在目。

还有各种申请耶鲁法学院奖学金的信件、表格、申请资料等坚定不移地穿过太平洋，落到你的办公桌上。奖学金种类极多，像Ribicoff Fellowship奖学金鼓励那些有兴趣当法学教授的耶鲁法学院毕业生申请，获得者可以享受2.5万美元的奖学金，并再回到耶鲁法学院做一年的学术研究，待遇和那里的教师相似。

还有一些信件邀请你参加耶鲁大学的一些选举，像选举“2003 Yale Coporation Alumni Fellow”等。耶鲁法学院基金会的请求捐款信也会同样按时送到你的信箱，时刻提醒着你作为一个校友的职责。

读着这些来自耶鲁的信件,在耶鲁时那些每天走过的街道,那些熟悉的大楼的名字,连同走在街道上的感觉和 York 街上飘香的咖啡都向你的心灵慢慢地浸透、浸透,渐渐地,耶鲁就是你心里一个无法忘怀的情结。你无意中每天都在了解和关心耶鲁的事件。这也许也是耶鲁一个独特之处吧。这些信件,将耶鲁的毕业生和他的母校永远牵系,使耶鲁成为一个伴你终身的母校。

二、《耶鲁法学院报告》(*Yale Law Report*)

在各种各样的耶鲁飞鸿中,《耶鲁法律报告》(*Yale Law Report*)尤其令人注目,其实翻译成《耶鲁法学院报告》更加和其内容相符合,每年出冬季和夏季两期。刚到法学院的时候就看到过这样的杂志,可是学习那么紧张,法学院的各种杂志和报纸多如牛毛,简直就是信息爆炸,所以每次从信箱里面拿出来翻一下就扔了,不觉得有什么特别。

回到中国后,由于巨大的空间差距,突然发现耶鲁变得那么遥远,就在这个时候,收到了法学院寄来的《耶鲁法学院报告》。翻开一看,法学院的重大事件报告、法学院教授人事变化、校友捐款名单、各届耶鲁毕业生的现状报告、法学院教授新书介绍、法学院学生活动,各种信息,应有尽有。这本报告将耶鲁毕业生和耶鲁的距离一下子就奇迹般地缩小了,耶鲁法学院和校友们的信息通过这本杂志被传递到世界的任何一个角落。尤其在各届耶鲁毕业生的现状报告(Class Notes)部分,你可以发现你那些分散到世界各国的同学在做什么,看到他们有的结婚了,有的找到了新工作,有的生了孩子。“Class Notes”这部分内容在报告中占了很大的比例。2003 年冬季这一期光“Class Notes”就占了 61 页,而整本杂志不过 167 页。2006 年第一期“Class Notes”占了 82 页,而整本杂志总共只有 142 页。这部分是我最喜欢的内容,相信也是校友们最喜欢的部分之一。

《耶鲁法学院报告》整本杂志非常人性化,也有耶鲁法学院独特的个性,感觉非常温暖。

这样编辑杂志的理念无意中又和法学院 Harrison 教授一向教导我们的要珍爱家人、朋友,珍惜生活的理念相吻合。耶鲁法学院的毕业生应该是事业和生活两方面的成功。事实上,“耶鲁法学院报告”就像是一个家庭的生活和工作汇报;耶鲁法学院的毕业生就像出远门在外工作的孩子,定期地给家中父老亲人写信汇报他们的工作和生活,和法学院分享他们生活中的喜悦与成功。

这本书定稿的时候,我刚好收到了 2005 年冬季的《耶鲁法学院报告》。我看到我那群可爱的西班牙语朋友欢聚在秘鲁同学 Gonzalo 的婚礼上,Ignacio 还是那么英俊,Alfonso 还是那么一派绅士,Aida 和 Marina 还是那样的可爱可亲,看着他们亲切熟悉的笑容,真是后悔不能飞到秘鲁和他们相聚。这些生活在拉丁美洲的同学,虽然由于工作繁忙又隔着千山万水,联系变少了,可是他们的友谊一直是我人生中温暖的章节,让我在日常的烦琐生活中始终可以保持快乐、感恩、友爱的心。

《耶鲁法学院报告》

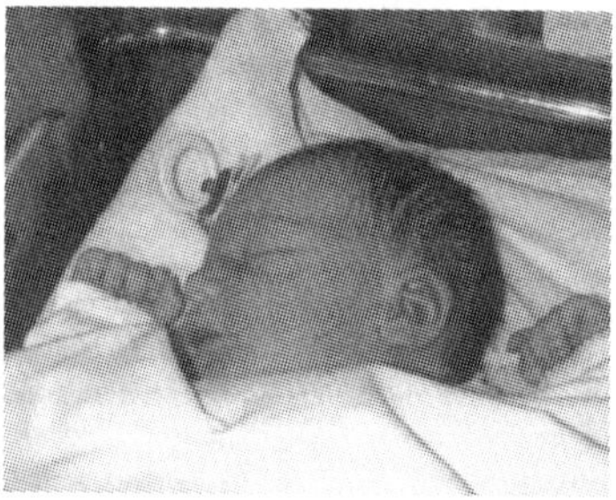

"摘自《耶鲁法学院报告》2003 年冬季刊。"

在法学院负责校友事务的副院长 Toni Hahn Davis 的办公室，她是连接耶鲁法学院成千上万的耶鲁校友的桥梁。

来自以色列、中国、阿根廷的三张盛开的笑脸，
是耶鲁法学院快乐生活的写照，也是法学院研究生这个国际大家庭的缩影。
（照片摘自耶鲁法学院招生简章封底）

除了信件和《耶鲁法学院报告》,耶鲁校友会也是将耶鲁毕业生紧密联系在一起的一个渠道。耶鲁校友会在很多国家、地区和城市都有定期的活动,举办讲座、联谊会。全球目前有一万多校友,仅纽约地区就有1700多人,一年有三次左右的聚会,芝加哥一年一次,华盛顿校友会、波士顿校友会等都很活跃。在中国,随着到耶鲁法学院读书的研究生数量和访问学者数量的增加,也成立了中国校友会。耶鲁法学院的院长和Toni副院长会常常参加各地校友会的活动。像2004年新任院长Harold Hongju Koh教授2005年7月就访问法国巴黎,和那里的校友团聚。

耶鲁法学院招生简章一般并不寄给耶鲁的毕业生,可是很幸运地,我每年都会从一些学生和朋友那里收到一两份。原因是因为我毕业离开耶鲁的这几年中,我和我的同学Ignacio和Nimrod的合影总是出现在耶鲁法学院招生简章的封二或者封底,申请耶鲁法学院的我的学生或朋友看到了就会给我留一份。

三、祝你生日快乐——你在我心中

毕业以后,忙于工作,加上耶鲁的这些同学和中国的同学不太一样,是真正地理意义上的天涯海角,所以几乎和同学失去了联系。即使在中国,念了几十年的书,那么多的同学,慢慢都会渐渐淡忘。谁还记得谁的生日?2002年11月6日,当我打开信箱,看到一封封来自世界各地的信件在祝贺我生日快乐时,耶鲁的热情、友情、亲情,再次湿润我的双眼和我的心。

阿根廷同学夫妇Ignacio和Marina给我的"祝你生日快乐"用了30个感叹号,让我再次感受来自拉丁美洲的热情。

Dear Jianmei,

Happy Birthday !!!!!!!!!!!!!!!!!!!!!!!!!!!!!!

Marina and I wish you a happy birthday !!! We often speak about you and remember you. It was really great for us to get to know you.

It is incredible that last year we were celebrating your birthday at your apartment and that today we are back in our countries so far away.

I imagine that you must be in China by now with your family. How are you doing? We are back in Argentina. I am working in a big law firm and Marina is back at the Supreme Court and teaching at the University.

We wish you a great anniversary. We miss you. Take care,

Ignacio and Marina

我亲爱的西班牙同屋仍然是一样的纯真温柔:

Happy birthday Jianmei!

Last year, this same day, we had a surprise party for you. We enjoyed getting everything ready, and everybody was happy to collaborate. I am sure you will remember Karim and his "lies", Ronald's cake, the flowers... We were glad to make you so happy. This year, I can only reach you by email, but I wish you happy birthday, with the same love.

Best wishes,

Aida

我的希腊女友 Eleni 永远是那样热情洋溢、一派浪漫情怀。2002 年的时候她给我写道：

My dear Jianmei,

Today is your birthday! Happy Birthday! Of course we are not in the same country any more, so we can not celebrate your birthday the way we did last year at Yale but O.K. what can we do about it? I send you my warmest wishes for happiness and many fulfilling, creative years surrounded by persons who love you and whom you love.

……

America and the lovely year we had at Yale seems so close and at the same time so far away as though 100 years have already elapsed. Well, it is understandable; living in Europe is so different from the American way of life. I feel very lucky that I had such a good experience there and of course I miss all my friends, and you especially my dear Jianmei. But I know we will keep in touch and will meet again.

Have a lovely birthday, my dear Jianmei, give my greetings to your husband and your daughter and above all have a terrifically good life!

2003 年 11 月，在我生日的时候，Eleni 给我寄来的竟然是一张中文贺卡，三个大红灯笼挂在“一切愿望实现”的横幅下面，煞是可爱。尤其让我乐不可支的是，我的这位好朋友并不认得中文，找到这个中文卡片已经不容易了，可是不知道卡片原来就无意做错了还是她粘贴的时候失误，到我信箱的“愿望”变成了“原望”，这样横幅就是“一切原望实现”，我反复读了几遍，倒是别有深意。亲爱的Eleni，永远是热情洋溢，这一年，她给我写道：

“My dear Jianmei, Happy Birthday!!! It is 6th of Novermber! Oh! How much I wish I could fly over all the mountains of Central Asia and along the Yellow River through the immense Chinese land in order to reach Shanghai, the city where you work, and first thing in the morning stop by your office, embrace you, give you a bunch of flowers and wish you nothing less than complete happiness. Zhu ni sheng ri kuai le! Zhu ni sheng ri kuai le! Zhu ni sheng ri kuai le!”

她竟然用汉语拼音拼出了祝你生日快乐！我真是佩服这些欧洲朋友的语言天才！

四、再回耶鲁

2003年10月22日，我回到耶鲁。从费尔菲尔德（Fairfield）开车到纽黑文的高速公路两边都是成片的森林。坐在车上，看着一望无际的森林，人间所有忧愁、烦恼统统消失在九重云天，人是完全的沉醉了，人类可以用人力、金钱建造出许多惊天动地的美丽杰作，可是大自然的美丽，却是人力所不可及的。

我很高兴这年的冬天比2001年的冬天来得早，使我可以更加清晰地再一次强烈地感受到耶鲁的温暖。推开任何一栋大楼的任何一间办公室,我都可以听到那熟悉的问候:“May I Help You ?”耶鲁一间又一间的办公室,笑声欢语。注册办公室的一个工作人员热情地跑过来拥抱我:“嘿,想不到你这么快就回来了。”走进 121 教室,默坐片刻,这是我们上法律文书写作课的地方,去年的欢声笑语萦绕耳旁。

到 Betts House 去拜访耶鲁大学国际事务办公室的老朋友,看到他们全都在忙着准备 Levin 校长的 11 月的中国之行。国际事务办公室的负责人 John 安排我上网查找我在本书中想要用的照片,因为照片太多,没有办法用电子邮件发给我,John 让我把照片的号码告诉他,他再派人刻成光盘,等 Levin 校长来中国访问时请王芳带来中国。① 我在国际事务办公室的电脑上度过了一个快乐的下午。楼外是寒风凛冽,小楼内却是温暖如春。

最心动的仍然是我们法学院的这座城堡。回想起去年 6 月副院长 Mike 曾经陪我走过这座城堡的每一个角落,向我仔细地解释这座城堡的每一个改变。温情依旧,城堡依旧。从我住的研究生宿舍走到法学院的大门,不过 2 分钟的距离,却发现这一段短短的距离也是历史和文化的堆积。华尔街上法学院墙上的每一个浮雕都是那么精致。以前只是忙于学习,每天来来往往多少次竟然没有注意到这些近在咫尺的文物。每一块石头,每一片红砖,每一个浮雕都在叙述着耶鲁古老光辉的历史。

---

① 感谢王芳老师在安排 Levin 校长的中国之行的百忙之中给我寄来光盘。感谢 John O. Longbrake 先生帮我刻的耶鲁照片的光盘,为本书增色许多。

秋天的康州，美丽如诗如画。
（照片摘自耶鲁法学院招生简章）

来到法学院一楼餐厅，我一个人静静地坐在空旷的餐厅，注视着左边窗户上中国的“至圣孔子像”，回忆着从前每个星期五下午法学院师生的“幸福时光”，眼前是隐约喧闹的人群。城堡外的大千世界却已经面目全非。

上图书馆三楼的台阶时，凝视着玻璃窗上那些惟妙惟肖的浮雕，在耶鲁法学院深厚的历史氛围中再次感受到自己的渺小。到图书馆四楼，看到我度过几百个日夜的410书房已经贴上了别人的名字。耶鲁法学院没有变，千年的藏书仍然静静地躺在安静豪华的图书馆等人来欣赏他们的美丽才智，触摸他们一颗颗睿智的心灵。图书馆安静得连自己呼吸的声音都可以听得见。几百个夜晚我曾在这里度过。虽然当时觉得学习紧张得苦不堪言，一年以后回到耶鲁这个城堡，觉得一生中没有什么比在这里做学生更加幸福了。

回到美国，回到耶鲁，让我感觉温暖的还有我的那些朋友，耶鲁的和纽约的。

这一群学习医学、化学、生物学、电子工程的朋友，他们对于科学充满热情，认真勤奋，把自己从事的实验室的科学研究看得那样神圣，没有太多名利心，踏踏实实地从事自己那一份平凡的工作。但是他们都是最优秀的人才，并且怀着一颗报国心。像生物系博士吴立，在生物学方面已经颇有建树，2002年就在美国最权威的杂志《自然》上发表了论文，他的口头禅就是——“念完了书肯定要回国做点事情”。

这样一群善良的朋友，好比温暖的春风。每每失意或者对生活产生了怀疑，这些朋友可以扶持你，在你最困难的时候可以送上他

眼前的耶鲁和一年前的耶鲁是一样的，
变化的只是学生的面孔，不变的是这些永恒的建筑浮雕和肖像所要传达的精神。

们的肩膀，让你感受活着的意义，也使世界变得可爱美好，变成一个充满温情的世界。他们永远不会因为你无权无势而抛弃你、冷淡你。你有成就，他们发自内心地为你高兴，为你祝福，为你骄傲，好像这就是他们自己的成功。你落难了，失意了，他们会想方设法劝慰你，尽他们微薄的能力来帮助你，与你共度艰难的时光。这些朋友家中的沙发可以是你安全的避难所，而你成功的那一天，朋友家中并不豪华的客厅是你庆功的最佳场所。我幸运我能够有这样一群朋友，将我的人生点缀得温馨富足。吴立、津榆、陆蓉、家明、义元，裴鑫，李浩，海燕……就好似黑夜中一盏盏温暖而明亮的灯。

一声祝福，送给留在美国奋斗的所有善良进取的中国朋友。好人一生平安。下次再回耶鲁义元的宝贝儿子一定可以叫我阿姨了，李浩和海菲家里的花儿也一定开得更浓。

五、发现并实现自己的价值

2003 年 10 月，纽约曼哈顿百老汇 103 街，在我的推荐人、纽约家庭庇护所妇女法律援助中心主任杜清教授的公寓，我们热情地拥抱。她激动地说："建妹，真高兴再次见到你，你比我第一次见到你时要年轻 10 岁。"这其实是不可能的。对女人来说，过了 30 岁，年龄会毫不留情地清清楚楚地写在你的眉角，只是我的自信和快乐的精神状态让她觉得我比以前年轻。四年前我第一次到纽约时，是一个典型的甚至有点保守、呆板、没有见过什么大世面的普通知识女性，我记得，我当时戴的眼镜是 20 世纪 80 年代中期就开始戴的

在我熟悉得不能再熟悉的410书房门外的地上，
静静地坐了一个小时，翻看着书架上的书，
书仍然是从前的书，我已不是从前的我。

老式黑色塑料框眼镜。

从我第一次跨出国门，飞越太平洋，就是对自己的能力和潜力的一次又一次的挑战，也是对自己的价值的一次又一次的发掘和实现。

面对大自然，我们人类是如此渺小，可是面对人类自己，面对挑战，我们的潜力又是无限的。

我女儿1岁的时候，我开始研究医学法，三年后出版了《现代医学与法律研究》。这是国内第一本较为系统地研究医学领域法律问题的学术著作，受到极大好评。一时之间读者来信无数，甚至有香港和台湾地区的学者来信求书。虽然自己知道和真正的法学大家相比，学术差距很大，尤其是后来到了哥伦比亚大学和耶鲁大学，有机会见识到真正的学术大师，品味真正的学术经典，才知道自己乃至中国国内学术研究的水平、方法和美国法学研究的差距。可是这本书的成功还是大大地满足了我作为一个普通人的虚荣心和成就感，也使自己对自己的潜力和价值有了新的认识。

至今都不能忘记，1999年9月12日，还只能用英语说几句简单的问候语的我，在肯尼迪机场东张西望，左顾右盼，不知道如何出关，担心自己听不懂移民官员的问题。可是两年以后，我可以是一位深受双方好评的专业翻译，可以担当重大的翻译任务。我很高兴我可以和各种不同领域的人用英语自由交谈。现在，当我频繁地飞越在太平洋的上空，在汉城、东京、曼谷、纽约、华盛顿、阿拉斯加的机场一次又一次为我那些不会说英文的同胞填写各种进出海关的文件，心里是无比的自豪。

让世界了解中国

两次去美国留学,女儿都会问一个同样的问题:“妈妈,你为什么要到美国去?我们南京不是很好吗?我们中国不是挺好的吗?”我当时的答案是,妈妈要去学习新知识。我一直不能给她一个真正合理的答案。回国以后,我不断地思考我们这些留学生离家别乡在海外求学的价值和意义,发现这其中一个价值就是——让世界了解中国。

每一个在海外认真学习、努力奋斗、不忘报国的中国人,都或多或少地以自己的言行和形象在让世界了解中国。

我嫂子有一个深交十几年的美国朋友丽萨。丽萨1982年就到中国旅游,走了很多地方,非常喜欢中国。2000年我在纽约的时候到她家里玩过几次,她对我非常好。可是她有时候问的问题常常让我不开怀,这些问题包括:“你家里有洗衣机吗?”“你家里有冰箱吗?”我告诉她,2000年的中国和1982年的中国有多么巨大的差异。

选课的时候,有个同学无意中说了一句话,就刺痛了我的心。他说:“你们中国没有版权法,你选美国版权法应该可以拿4个学分。”虽然平时是很好的朋友,还是和他吵了一架,生了很长时间的气。我觉得他的玩笑伤了我的自尊。中国的版权法不比他们国家落后,只是法律的实施和对知识产权的保护力度还有待加强。

每次和同学争论后,我的心都会在呐喊,中国,中国,快强大起来。也只有在美国有了这样深切的感受以后,才能真正理解“海外赤子”的沉重含义,才能明白100年前孙中山为什么在海外华人中有那样的威望。一个人富强了没有用，整个中国强大了，你才能真正昂首挺胸。以前看三毛的书，书中写到有一个美国游客，好像是要进西班牙的某一个工厂，没有证件，他把旅行包上的美国星条旗摇一下，说了一句“我是美国人”，就大摇大摆进去了。我不是一个霸权主义的主张者，可是我仍然希望有一天，我们中国的五星红旗可以是一个通行证。

和外国人接触越多，就发现他们对中国的了解太少，很多人对中国的印象都是从片面的媒体宣传中得来的。“要让世界了解中国，要做一座桥梁——东西方互相交流、理解和沟通的桥梁。”在国外生活的两年，这个愿望是如此的强烈。而我，在这个愿望的支撑下，发现自己居然在有意无意之间变成了一个桥梁。

我让我的亚洲、美洲、欧洲、非洲同学明白，中国虽然没有宪法法院，可是中国却不是一个没有宪法和没有人权的国家；中国虽然没有一部独立的隐私法典，可中国绝不是不保护隐私的国家；我以我的刻苦、努力、认真和专业精神让来自16个国家的23位同学真切地体会和感受到了一个中国法学学者对于一个先进、合理、健全的法律体制的孜孜追求。我将江苏法律援助代表团带到纽约，让他们了解到原来美国这样一个资本主义国家，还有一群律师在为了穷人和弱者忘我工作，默默奉献。我将纽约的律师带到中国，让他们一睹中国奋发猛进的风貌，让他们了解到中国法制建设的不懈努力和可喜进展，让他们知道中国的法律援助工作也是一样有声有色。“China is amazing!”当我一次又一次地听到这些美国朋友发自内心的钦佩和仰慕时，我心中是多么的骄傲和自豪！！

第十一章

如何申请去美国法学院深造?

Chapter 11. How to Apply for U. S. Law School?

本书80%的内容都是我在耶鲁的日记的整理。但是,这两年不断有学生和朋友来咨询如何才能申请到美国法学院去读书或者做访问学者,所以专门补写了这一章,给那些想要申请到耶鲁法学院或者美国其他法学院深造的中国学生做参考。

至少有三种基本途径可以到美国法学院深造——J. D. 、LL. M. 和访问学者。我有幸得到了两种到美国法学院深造的途径,我把我申请到哥伦比亚大学法学院访问进修和到耶鲁法学院攻读LL. M. 时的一些原始资料和经验与朋友们分享,希望我的经历对读者朋友有所帮助。

一、美国法学教育体制

在申请去美国法学院读书以前,有必要了解一下美国法学教育的基本情况。美国法学院通常有三种学位,依次分别为:

J. D. —Juris Doctor,可以翻译为法律博士;

LL. M. —Master of Laws,可以翻译为法学硕士;

J. S. D. —the Doctor of the Science of Law,可以翻译为法学博士。

LL. M. 法学硕士学位的历史已经非常长。早在 1876 年耶鲁就授予了第一个 LL. M. 法学硕士。J. D. (法律博士)的历史略短。有一天在耶鲁法学院一楼校友阅读室看克林顿等校友的肖像时,发现这些校友拿到的学位名称不一样,克林顿毕业时从耶鲁法学院拿到的是 J. D. (法律博士),而我们大名鼎鼎的 Calabresi 教授和美国第 38 任总统福特拿的却是 LL. B. (法学学士)。

法学院主管研究生的副院长向我介绍了学位变化的背景。在耶鲁法学院早期,J. D. 学位并不存在,J. D. 学位的前身是 LL. B. (法学学士)。学生在法学院学习三年以后拿到的只是一个法学学士学位。后来学生认为这样不公平,因为来读法学院的学生已经有了一个学士学位,有的也许有其他学科的硕士学位,所以应该给他们授予博士学位。这样就将 LL. B. (法学学士)改成了 J. D. (法律博士)。我虽然没有查到具体的 LL. B. 变为 J. D. 的确切年份,从耶鲁法学院校友阅读室的介绍可以推知,这个变革不过是 20 世纪 60

年代才发生的。因为 Calabresi 教授 1958 年时拿的仍然是 LL. B.(法学学士),1973 年克林顿总统毕业时被授予的则是 J. D.(法律博士)。

对于美国法学院的学位,不但是中国人看了觉得糊涂,其实很多美国人自己也搞不清楚。三个层次的学位,尤其是法学硕士比法律博士要高一个层次则更加不解。美国的法学硕士学位叫高级学位(Advanced Degree in Law),而美国的法律博士是一个相当于中国法律本科的学位。在美国法学院,如果你要申请念 LL. M. 法学硕士,通常必须先有一个美国的 J. D. 法律博士学位或者国外法学院的法律学位。在耶鲁,如果要申请念 J. S. D 法学博士,则首先要有耶鲁的 LL. M. 法学硕士学位。所以耶鲁法学院的法律学位的顺序可以这样排——法律博士——法学硕士——法学博士。

美国学生一般只读 J. D. ,因为拿到这个学位后就可以在各个律师事务所找工作了。如果想在美国的一流法学院当教授,念完 J. D. 以后,再在耶鲁法学院这样的王牌法学院攻读一个法学硕士或者法学博士则极有帮助。90% 的研究生都来自世界各国。以 2001 届耶鲁的研究生为例,总人数为 26 个,只有 3 个美国学生。

在耶鲁法学院,还有一种与法律有关的学位叫 M. S. L.(The Degree of Master of Studies in Law)。这是专门为那些新闻工作者设立的一种学位。能够申请到这类奖学金来耶鲁法学院攻读 M. S. L. 学位的也都是一些在美国已经非常成功的记者。

申请 J. D. 需要参加美国法学院入学考试 LSAT(Law School Admission Test)。大概由于语言的原因,我在美国读书期间只遇到一个直接从中国大陆申请出来的。绝大多数 J. D. 学生是从小学或者中学就来美国读书,或者是已经在美国读了一个其他专业的硕士学位,或者从加拿大、新加坡考进来。至于 LL. M. ,一般要求要有托福成绩。很多学校的最低分数线是 600 分,能够被录取的学生的分数事实上要远远高出这个线。在少数学校,LL. M. 毕业后符合一定条件可以直接转成 J. D. ,哥伦比亚大学法学院就是一例。

二、我应该选择哪一所法学院?

我应该选择哪一所法学院?

这是别人经常向我咨询的一个问题,相信也是所有申请到美国法学院深造的学生必定会考虑的问题。这个问题的答案应该是因人而异的,取决于你留学美国的目的、个人专业兴趣的爱好和未来的职业选择。不过我想以下的一些观察和经验对你做选择应该有所帮助。

要选择法学院,有必要了解一下美国法学院的排名。

2001 年美国法学院前 3 名是——耶鲁大学、哈佛大学、斯坦福大学。

2002 年排前 5 名的法学院按名次顺序是:1. 耶鲁大学;2. 斯坦福大学;3. 哈佛大学;4. 哥伦比亚大学;5. 纽约大学。

2003 年美国法学院的排名和 2004 年美国法学院的排名也大致差不多。你可以通过《美国新闻和世界报道》(*US NEWS and World Report*)杂志的全美大学排名查一下前 100 名的美国法学院,也可以到下面他们的网站查看一下排名——http://www.usnews.com/usnews/edu。

2005 年 1 月我在这个网站上看到美国前 10 名法学院分别是：

1. 耶鲁大学；

2. 哈佛大学；

3. 斯坦福大学；

4. 哥伦比亚大学；

5. 纽约大学；

6. 芝加哥大学；

7. 密歇根大学(University of Michigan-Ann Arbor)、宾夕法尼亚大学(University of Pennsylvania)；

8. 弗吉尼亚大学(University of Virginia)；

9. 杜克大学(Duke University)；

10. 西北大学(Northwestern University)。

我个人的经验认为，如果到美国念法学院，最好念那些排名在前 20 位的法学院。如果申请不到，至少一定要争取排名前 50 位的法学院。我曾经遇到好几个在美国法学院拿到 LL. M. 学位的毕业生，因为念的法学院排名很差，找不到工作。当然“9·11”事件以后，由于美国经济的急剧衰退，很多哥伦比亚、纽约、康乃尔以及哈佛、耶鲁毕业的研究生也没有找到工作。但总的来说，名校的毕业生将来的就业前景和发展要比那些非名校毕业生好得多。耶鲁、哈佛、斯坦福这样的名校学位是全世界通用的通行证。

如果你是攻读 LL. M.，而且你的理想和目标是当一名专业律师,就我所熟悉的几所法学院来说,哈佛、哥伦比亚、纽约大学恐怕应该比耶鲁要更加实用。如果你的理想是要做一名法学教授、学术大师,或者你想要从事社会公益事业,成为一位公共活动家,或者当一名政治家,那么,耶鲁则是最好的第一位的选择。就法学院排名来说,近十几年来,耶鲁法学院始终稳居第一。耶鲁有最好的宪法教授、侵权法教授、法律经济分析的教授。

具体的可以拿耶鲁和哥伦比亚做个比较。尽管毕业后也有一些学生选择从事律师职业,耶鲁 LL. M. 的目标不是培养律师,基本上不做律师培养的任何训练,法律文书写作课不是必修课,重视理论和学术研究,轻视实践。耶鲁学生中流传的一个笑话比较形象。这个笑话是这样的,耶鲁法学院院长 Kronman 先生被抓起来了,人家打电话问大名鼎鼎的程序法教授 Owen Fiss 先生怎么办,怎么才能将院长大人保释出来,Owen Fiss 教授说不知道。这个笑话大致可以反映耶鲁教授们的重理论。耶鲁的目标是培养学术精英、思想精英,尤其是那种以天下为己任的思想,希望通过精英教育造就一批一流的国际化学术、政治人才。哥伦比亚法学院刚好相反,他们早在 8 月就开始进入紧张的学习,所有的研究生集中上法律文书写作课程,还要写案件摘要。哥伦比亚法学院的另一个好处是可以在完成 LL. M. 一年的学习后转成 J. D. 。这样就免去了考 LSAT 的麻烦,也为将来在美国从事律师业务打下了基础。

如果是攻读 J. D. 学位,这些常春藤盟校个个都是一流的,学生不用担心找不到工作,通常是没有毕业就被纽约的大型律师事务所选中。

哥伦比亚大学图书馆

哥伦比亚大学法学院图书馆

最后,选择大学时还可以看一下这所大学是否有中国法律中心。你的根在中国,你的事业最终也应该是在中国。我不是打击那些满怀理想和憧憬的学子。如果你的理想就是在纽约挣钱,你很快就在那些律师事务所被淹没了。你永远都离不开中国的法律,将来你即使被美国或者英国的大型律师事务所聘用,你所要处理的法律事务最后多半是和中国有关的。所以,如果你就读的法学院有一个好的中国法律中心,让你可以在学习美国法的同时有机会接触到中国法,对你未来的事业发展应该是有诸多帮助的。像我在前面介绍的,耶鲁的中国法律中心如日中天,是一座中国和美国法律文化交流的桥梁。纽约大学、哈佛大学、哥伦比亚大学、乔治城大学都有很好的中国法律专家或者中国法律中心,他们接受访问学者,也开设一些中国法律课程或者讲座。

应该向多少个法学院提出申请?这也是每一个留学生脑海中的必问问题。申请去美国做访问学者时,我大约向13所法学院递交了申请,收到了9所大学录取的邀请函。但是2000年申请读LL.M.时我只申请了耶鲁大学一所学校。虽然我已经在哥伦比亚大学法学院学习了一年,纽约又是世界上最繁华的大都市,似乎申请哥伦比亚大学法学院更加顺理成章。但是就做学问来说,我更加喜欢耶鲁的自然和人文环境。而且耶鲁法学院多年来在全美排名第一,也是我选择她的原因之一。加上我的几个好朋友都是"耶鲁迷",反复在我耳边灌输"念法律,不去耶鲁太亏了"的观念,久而久之,耶鲁就变成了我第一然后是唯一的选择。

只申请一所大学的做法原则上是不可取的,甚至是冒险的。所以我建议，一般申请者需要选择 10 所左右的学校。有的学生会考虑申请费而减少申请学校的数目，如果你真的有经济困难，可以向学校说明，有些学校会免收你的申请费。

三、要做哪些准备工作？

自信和诚实是成功的两块基石(Be confident! Be honest!)

自信，是你要具备的第一个素质。在美国这个移民国家，这个充满了机会与竞争的国家，只有那些自信的，即使遭遇挫折和打击仍然可以昂首挺胸的人才能取得成功。当然你的自信并不是狂妄。你的托福考了 650 分，或者你发表了很多学术论文，或者你代理过好几起重大疑难案件，或者你在法律英语辩论赛上获得过大奖，等等；这些都是你自信的源泉。每一个敢于去敲美国法学院大门的人都是优秀的，可是你要坚信你是独一无二的，你有别人所没有的优秀素质。你坚信你会取得最后的成功，如愿进入耶鲁大学、哈佛大学、斯坦福大学、哥伦比亚大学这样的一流法学院深造。

当你完成了你的心理准备，接下来你要做的就是准备一份从内容到格式(Format)都非常漂亮的个人简历(Resume 或者 Curriculum Vitae)。这份简历至关重要，要包括你的教育背景、工作经历、学术成就、获奖情况，甚至你的个人爱好。如果有什么艺术特长和体育特长，千万不要沉默。美国的法学院极其重视个人素质，而不是分数第一。比如，你在学校或者更高层次的比赛中获得过乒乓球或者羽毛球冠军，这可以证明你有多方面的才能，不是一个死读书的人。

我的同学的简历中就有参加过亚特兰大奥运会的经历。甚至有一届耶鲁法学院新生的开学典礼上,法学院院长还特别地介绍一个自称擅长做苹果饼的女同学。因为每年的新生介绍自己的特长时,大家都会说自己爱好体育、音乐等,从来没有人以擅长做苹果饼为特长。所以,这位女同学就脱颖而出。①

简历的内容要充实,可是却千万不可以欺骗。你的个人简历说你发表过20篇论文,他们就相信你确实是发表了20篇论文,据我所知,不会有人来核对你的原件。而且,耶鲁法学院2001年的招生简章还特别强调不要寄书或论文去。你可以失败,但是不可以有污点。美国人是绝对信任你的。你撒的谎,也许可以暂时骗过美国人,却逃不脱中国学生明亮的眼睛。给你举一个例子,2001年的感恩节,我们耶鲁大学13个中国学生聚会,却发现有3个人来自北京同一所幼儿园,2个人来自同一所中学,6人来自同一所大学。谎言就是谎言,总有一天会被揭穿。这几年编造自己在美国获得各种学位的谎言的人不是都被海外学子揭穿了吗?诚实是成功的前提。

Be confident! Be honest! 这虽然称不上什么至理名言,却是你去申请美国法学院要拥有的最基本的素质。这和先做人后成才的道理是异曲同工的。

---

① 王贵国:《耶鲁的"卖点"》,载《法学家茶座》(第2辑),山东人民出版社2003年版,第55页。

准备一份简洁的有个性的自述或研究计划(Be direct! Be simple!)

绝大多数美国法学院都要求申请者提交一份自述(PS—Personal Statement),或者研究计划(Research Agenda)。常常有学生或朋友把他们写好的自述或研究计划拿来请我提意见或帮忙修改。有些自述或计划看得出作者花了很多时间和心血,旁征博引,洋洋洒洒,论古道今,但是到底你去美国留学个人要达到什么样的专业目标或者有什么研究计划,不是太清楚。委员会的那些教授们都是大师级的人物,知识比你不知道要渊博多少倍。与其在短短的两页纸上与大师们班门弄斧,不如实实在在撰写一个具备个性的研究计划。如果是要求写自述,不妨略花笔墨阐述一下你申请这所学校的原因和理由,如果有一些特殊的事例则会更好。

还有一个通常现象,很多申请者和我当初写研究计划时犯了一个同样的毛病——喜欢用长句,从句里面再套几个从句,甚至我发现有一个申请者开头第一段有六行,但是没有句号,是一个极其复杂的长句。试想一下,当委员们面对几百份、上千份申请书的时候,如果还要读你文法不通、绕口令似的长句,是何种感受?其实句子要简单易懂才好。认为复杂的长句才能显示自己高超的英语水平的观念其实是一个认识上的误区。我自己对这个观念的彻底更正也是在到了耶鲁法学院听了Harrison教授的法律研究和法律文书写作课后才完成的。

如果你有机会去读一下任何一本法律文书写作的教材,你会发现这些书都会强调一个写作规则——尽可能使用短句,最好不超过

25个词。写作最复杂、最讲究逻辑和条理性的法律文书尚且要求简短易懂,少用长句,那么写作一份自述或研究计划就更是如此。从下面的例子相信你可以很清楚地体会出长句和短句的区别。

Example:Although the Kent statute authorizes a court to sentence a defendant for criminal contempt,the statute does not define contempt,and the Kent courts have been left with the task of defining contempt,which they have interpreted as requiring intent to disobey the orders of a court, a requirement similar to those in other jurisdictions.

Rewrite: Although the Kent statute authorizes a court to sentence a defendant for criminal contempt,the statute does not define contempt. The Kent courts have, therefore, been left with the task of defining contempt,which they have interpreted as requiring intent to disobey the orders of a court. This requirement is similar to those in other jurisdictions. ①

一份简洁易懂的研究计划对于你的录取是有很大帮助的。我并不认为我的研究计划是写得最好的,甚至有很多语法错误,但是它至少满足了清晰易懂、简洁明了、富有个性的要求。在和耶鲁法学院和招生委员会的这些委员教授交往的时候,我发现委员们认真读了我的计划并且印象很深。

所以,每到年底,在准备寄出申请材料的时候,一定请你的英文

---

① 参见 *Writing and Analysis in the Law*, Helene S. Shapo, Marilyn R. Walter, Elizabeth Fajans. The Foundation Press,Inc. 1995. p.166.

老师纠正你的语法错误；请了解你的朋友帮你看一下你的自述是否真正将你自己的个性、才能、专长、你的未来目标等表述清楚；再请法学同行看一下你的研究计划，是否清晰易懂。

获得两封真实有力的推荐信

美国社会讲信誉，重信用。一份好的推荐信比托福考了650分还要有用。这个经验是我到耶鲁以后才总结出来的。如果有了解你的美国教授和学者写推荐信，他们的推荐当然是最好的、最具说服力的。

1999年当我申请去美国做访问学者时，我申请了13个学校，一个月中就收到了9个大学的同意接受的邀请信，包括耶鲁大学、哥伦比亚大学、华盛顿大学、得克萨斯大学等，得克萨斯大学法学院甚至写信说要免掉我的一切图书资料费用，我真是受宠若惊。当时我不认识任何一个美国教授，也没有美国教授为我写推荐信，只是老老实实地把我的中文个人简历做了一个英文版本寄去。而且那个时候我的英文也不好，英文简历还是朋友帮忙做的。所以等到2000年12月，在我决定申请耶鲁的时候，我并不知道推荐信的重要性，认为只是美国法学院录取学生或者接受访问学者的必经程序。当时我请了最熟悉我的哥伦比亚大学法学院的三位美国教授——中国法律中心主任爱德华教授，美国医学法专家、前白宫医疗改革顾问 William M. Sage 教授，纽约家庭庇护所妇女法律援助中心主任、正在哥伦比亚大学法学院任兼职教授的杜清（Dorchen A. Leidholdt）教授和美国 UB 基金会中国项目主任安妮女士为我写推荐信。

我没有看到爱德华教授和 Sage 教授为我写的推荐信,不过,因为写作本书,在差不多三年以后,我看到了安妮女士和杜清教授的推荐信,也是在那个时候,我才知道,我那些教授朋友的推荐信大概还是起了很大的作用。

事实上,三年以后,当我亲眼看到这些推荐信时,我本人都感到震撼,我不过是做了一些我喜欢做的事情,在推荐信中,我竟然被他们描述成为如此优秀的一个中国学者。2000 年整个的春季学期,我一直都是和杜清教授一起和纽约律师协会、纽约几乎所有大型的提供法律援助和服务的机构、纽约好几家国际大型律师事务所的合伙人合作准备和组织江苏法律援助代表团来纽约的访问项目。杜清教授在她的推荐信里充满热情地向耶鲁大学法学院招生委员会的委员们介绍我在哥伦比亚大学法学院的学习和研究情况,介绍我对妇女法律事务的热情和参与,介绍我组织江苏法律援助代表团的过程。[①] 信读起来自然流畅,因为她列举了我们一起合作的很多事情,更是真实可信。

安妮女士则如实介绍了我们相识和在纽约相处的一年,真实自然,比我自己记录的日记还要清晰地描述了我的学习和生活,对我

---

① 和杜清教授的相识相知始于 2000 年 1 月。当时她在哥伦比亚大学法学院开设“家庭暴力和法律”,对女性主义法学的共同兴趣使我们成了朋友。同时,感谢纽约律师协会会长埃文·戴维斯先生(Evan Davis)和夫人玛丽(Mary Davis),是他们的热情、理解和支持才使得我和杜清这对师生课后的一个心血来潮变成了中美两国之间两次成功的法律交流。

纽约家庭庇护所妇女法律援助中心主任、
哥伦比亚大学法学院兼职教授杜清教授(Dorchen A. Leidholdt)。

的评价之高,令我感动,也深受鼓舞。这些热情洋溢的推荐信到了评委手中,其震撼力和感染力是可想而知的。

最近,有学生来请我写推荐信,我也反复琢磨,怎样才能把我那些优秀的学生推荐到美国去深造。

我的朋友津渝的故事也是一个很好的例子。她本人曾经是南京大学历史系一个优秀的老师,她的托福和 GRE 成绩都惊人的高。1998 年被哥伦比亚大学历史系录取,攻读历史系的博士学位。这是哥伦比亚大学历史系多年来录取的极少的中国学生之一,更加难得的是,她还是多年来攻读古希腊和罗马历史专业的唯一一位中国学生。她非常自豪,一开始一直以为是她的托福和 GRE 成绩好才被录取。到了哥伦比亚大学,发现原来为她写推荐信的这位美国教授在这一研究领域声望极高。原来,几年前她参加过一个国际学术研讨会,在会上做了一个发言,这位美国教授对她印象极好,对她的论文和大会发言评价甚高,并告诉她将来如果要申请到美国留学,他愿意为她写推荐信。事实上,除了她的考试成绩非常优秀,这封推荐信也起了极为关键的作用。

有的学生会担心说,“我找不到著名的美国法学院教授为我写推荐信,是不是就没有被那些名牌大学录取的可能了”?这种担心是多余的。1999 年我申请去耶鲁大学和哥伦比亚大学做访问学者时是请两位南京大学的教授写的推荐信,也同样被接受了。关键是你的推荐人一定要熟悉你的专长,把你的优点和能力在一页纸上展现无遗。世界上没有完全相同的两个人,你要始终坚信,你是独一无二的。就像我在前面所说的,每个敢于去申请美国法学院的人都是优秀的,可是你有别人没有的特长和优势,这些特长和优势,你要在短短的自述或者你的推荐信中表述得一清二楚。

现将杜清教授和安妮女士2000年为我写的推荐信附在下面,供参考。

杜清教授的推荐信:

Dear Admissions Committee:

I am writing in enthusiastic support of Jianmei Feng's application to Yale Law School's LL. M. Program. I am very familiar with Ms. Feng's abilities and scholarship as she was a student in the seminar I teach on Domestic Violence and the Law at Columbia Law School. In addition, this past summer Ms. Feng and I together organized a visit of officials from the Jiangsu province in China to New York City in order to obtain information about successful public interest legal programs in this country. Finally, Ms. Feng conducted pro bono work at the Center for Battered Women's Legal Services at Sanctuary for Families, which I direct, and interviewed me in this capacity for an article published last month in Mochou, the widest read women's magazine in People's Republic of China. I can say without reservation that Ms. Feng is one of the most outstanding legal scholars and activists I have encountered.

Ms. Feng is certainly the most disciplined and hard working law school student I have ever taught. She is also one of the most assertive in pursuing her intellectual goals. The readings for my course are voluminous and class discussion of them proceeds at a brisk pace. The interdisciplinary approach requires mastery of specialized psychological and sociological as well as legal terminology. At the beginning of the seminar it was clear that Ms. Feng was struggling to keep up with the readings and follow the discussion in class. Nonetheless, she persisted, meeting with me after each class to clarify difficult legal doctrines and terms. As the semester progressed, it was clear that her hard work and determination were paying off. She demonstrated mastery of the course materials, participated enthusiastically in class discussions, and made significant contributions, especially to the class's understanding of domestic violence and the law from a cross cultural perspective.

As I got to know Ms. Feng better, I learned that she is passionately committed to social justice and, in particular, to furthering women's rights through the legal system. In Nanjing where she is a law professor, she has not only conducted groundbreaking legal research on issues of violence against women but has worked pro bono on a number of cases for battered women. This spring, she accompanied me to court on a case of a Chinese immigrant victim of domestic violence whose abuser had forced her to surrender custody of their baby daughter to him. Ms. Feng helped the client understand her legal rights in this country and helped me understand the cultural and legal obstacles the young mother faced in China. While Ms. Feng was studying at Columbia and doing pro bono work at the Center for Battered Women's Legal Services, she was also exploring textbooks on women and the law for publication in China. I have no doubt that if she is given an opportunity to pursue an LL. M. at Yale, Ms. Feng will continue her advocacy on behalf of women's rights and make outstanding contributions to them in a variety of ways when she returns again to teach and study in China.

Ms. Feng's leadership this summer in organizing a tour of Chinese officials and lawyers to New York City to study legal services organizations here is particularly instructive. The Jiangsu Province People's Congress was in the process of drafting a law requiring lawyers to provide legal services pro bono. Ms. Feng was impressed by the legal services models she had encountered in New York City and was determined that the officials responsible for drafting and implementing the new law in China learn about them. Her enthusiasm was contagious. Soon a committee, made up of senior management from The Legal Aid Society, Legal Services, NOW Legal Defense and Education Fund, Victim Services, Sanctuary for Families, and the New York City Bar Association, as well as partners from several large law firms, were meeting regularly, to plan the tour. Not surprisingly, it was a success, with the hosts and guests participating in unprecedented exchanges about legal services in the United States and China.

I hope this letter makes clear what an extraordinarily motivated and talented legal scholar Jianmei Feng is. I would welcome the opportunity to discuss her experience and abilities further.

Sincerely yours,

Dorchen A. Leidholdt

安妮女士的推荐信:[1]

To Whom It May Concern:

I am pleased to recommend Professor FENG Jianmei of Nanjing University to the LL. M. program of Yale Law School.

I met Professor Feng when she applied for a faculty development grant from the United Board. Such grants provide financial support for Asia faculty to spend one academic year in the U. S. as visiting scholars. My remarks are, thus, from the perspective of a program administrator.

A word on Professor Feng's original application to the United Board: applicants for United Board faculty development grants must be interviewed by United Board staff; one purpose of the interview is to assess the applicant's ability to speak English well enough to function in an academic setting. When I first interviewed Professor Feng in Nanjing in 1997, she was unable to hold more than a simple conversation in English. I encouraged her to improve her English so that I could interview her again the following year. I have often spoken such

---

① 2003 年 8 月我休假在南京专心写作本书最后的章节,其间为使书中资料更加准确,无数人给了我帮助。当时我向安妮女士询问她是否还有三年前她给我写的推荐信,三天以后她就让秘书给我传真过来。其实我当时只是侥幸心理,说不定她的电脑文档中还有这封推荐信,没有想到 UB 基金会竟然真的还有我的个人档案。在此,对安妮女士和美国 UB 基金会表示最诚挚的感谢。

words to Chinese faculty; rarely do I see them again, However, Professor Feng did attend another interview in 1998. To her great credit, her spoken English had improved remarkably. On the basis of her clear dedication to her teaching, her interest in important and relatively undeveloped (in China) fields of legal research, and her potential as a junior faculty member, Professor Feng received a United Board faculty development grant for 1999 – 2000.

Through email, phone calls and office visits, I had contact with Professor Feng at least once a month throughout her year as a visiting scholar at Columbia Law School.

Professor Feng managed her time at Columbia extremely well, striking a remarkable and healthy balance between individual research, audited classes, discussions with faculty, and outside activities, both academic and non-academic.

Professor Feng is a dedicated teacher, and she spent countless hours at Columbia compiling current materials that she can use in her teaching. She once told me that she was horrified to discover that the law textbooks she used at Nanjing University described US Supreme Court decisions that had been overturned decades before.

Professor Feng's research interests in medical law and domestic violence address areas in which little legislation (or social awareness) exists in China. Professor Feng's admission into Yale's LL. M. program will allow her to be even more effective as a teacher and legal scholar in these two critical areas. As a relatively young faculty who is known in the Jiangsu political circles, she has the potential to have a great impact on the development of legislation, particularly in Jiangsu province, one of China's most developed provinces.

Commendably, Professor Feng also allowed her contacts at Columbia Law School to take her out of the classroom. During the spring term, she volunteered at a local organization that provides legal assistance to victims of domestic violence, where she gained insights into legal, social and immigration issues. She also put much care and effort into arranging a visit for a provincial delegation from Jiangsu to New York, which was hosted by the New York Bar Association.

On a more personal note, Professor Feng combines dedication to her profession with quiet politeness, utter sincerity, empathy, energy, and genuine appreciation of new knowledge, perspectives, and experiences. She cares about her teaching and research; she cares about people; and, perhaps most significantly, she does not take opportunities for granted. I know that if she is given the opportunity to study in the LL. M. Program of Yale Law School, she will, as she has done before, make the most effective use of the time, faculty, courses, and materials available to her.

Sincerely,

Anne Ofstedal

我上面所谈基本上都是实质性的问题。至于具体申请的程序，你只要到各个法学院的网站上去浏览一下，就可以找到详细的说明，甚至有些法学院的申请表格都是可以从网站上下载的。一般法学院所需要提交的材料无非是——一份申请表、成绩单、个人简历、自述、推荐信、研究计划，等等。

四、签证——远渡重洋的最后难关

很多人都有过被一次、两次甚至三次、四次或者五次拒签的痛苦经历。一个努力编织、奋斗了许多年的梦想往往就因为过不了签证关而最后失败。

如同申请美国法学院一样，自信，仍然是你顺利拿到签证的法宝。你可能觉得这个忠告没有新意，但是在现实生活中，在你的周围，你不难发现，许多人的失败是因为自卑、恐惧、担心、没有足够的信心造成的。

从 1999 年至今，我已经经历了 J1、F1、B1 等不同种类的多次签证。亲眼看到无数的中国学生或者喜气洋洋拿着签证走出领事馆，或者满面怨恨，或者黯然神伤。我细细地观察他们的言谈举止，聆听他们回答签证官的问题，发现签证官拒签，绝大多数是申请者本人没有足够的自信。因为不自信，你去签证的时候就会紧张；因为不自信，你的脸上就不会有太多的神采；因为不自信，你回答签证官问题的时候甚至声音都会失控。有的学生进了领事馆，面对签证官会非常紧张，本来很流利的英语也说得不流利了，问题就更是回答得一塌糊涂。心里想着，自己的命运是掌握在面前这位签证官的手中,一定要给他一个最好的印象。这其实完全是一个误区。你的命运,自始至终,从来就是掌握在你自己手中的。签证官没有理由因为个人喜恶来决定是否给你签证。他(她)是看了你的书面材料和你在面试时的表现后决定是否给你签证的。你在简历上说你的英文如何好,你的托福也许还考了640分,可是你到了签证官面前却不会说英文,给你拒签没有什么不合理。

1999年8月,由于撞机事件,中美关系一度紧张,许多学生和学者的美国签证多次被拒。等我飞到纽约,去美国UB基金会报到的时候,安妮女士告诉我,因为签证的原因还有很多的UB学者没有来美国。而我的签证却是意外的顺利。我想和我良好的精神状态有关。事实上,直到去签证时,要不要去美国我还是很犹豫。因为当时女儿还很小,很多科研项目都在进行之中。所以,我是抱着签到签不到都无所谓的心态,甚至下意识里面觉得签不到最好,不如继续埋头写我的论文,免得浪费时间考虑是否要去美国。这样的心态下,和那些一心一意要去美国、最终人生目标就是要出国的人相比,我就显得格外的轻松、自然,由于这种轻松自然,就比那些紧张的申请者显得自信。后来多次签证,我也是保持着一样自信的状态,我想,我可以说英文,我有足够的资金,我的历史和社会关系背景、家庭背景表明我不可能有任何的移民倾向,是一定会回中国来发展自己的事业的。没有任何一个拒签的理由。这样,每次从从容容地去签证,从从容容地签出来,有时还和签证官聊几句天。

我的一位朋友是外语系研究莎士比亚的教授,她的签证经验也是一个很好的例子。签证官想要为难她,问她去美国干什么,她不卑不亢地答道，“我去研究莎士比亚，你对莎士比亚也有兴趣吗？”一句轻轻地反问，体现了一个中国学者的尊严和自信。这位教授的气质、风度、人品一直是我的楷模和偶像。我相信，她的自信一直都是她成功的一个要素。

其实，拒绝给你签证的理由无非是移民倾向、资金不足、英语水平不够等。英语水平不够在21世纪恐怕不会再是留学生签证搁浅的原因了，资金不足也不应该成为拦路虎。也许20世纪80年代出去留学的中国学生很多都要靠打工谋生，生活极其艰辛，当保姆、端盘子、当搬运工人、送便当，干什么的都有，只要能挣到钱交学费糊肚子。近些年，我觉得留学生的经济条件大大改善了，一是他们或多或少都能申请到奖学金；二是中国的经济发展了，中国学生的家庭一般也都或多或少地能给予一些帮助。所以，在纽约，洗盘子、端盘子的中国留学生我一个也没有见到。在耶鲁，也没有看到一个《北京人在纽约》中那样辛苦、完全要靠自己打工来挣学费养活自己的中国学生。凡是我所认识的中国留学生，手上都有充足的奖学金，有的甚至还用春假到欧洲去玩，也没有见他们有太多的经济压力。就是偶尔见到留学生在图书馆打工，或者看守大楼补贴一些生活费用，都是比较轻松的工作，尤其在图书馆当管理员助手或者守门，偶然回答来客“礼堂在哪里”“洗手间在哪里”之类的简单问题。打工的学生大部分时间照样在自己的电脑上海阔天空，或者埋头读书。

此外，随着中国经济在近20年中的突飞猛进，中国在世界上地位的上升，移民倾向的抗辩对于中国学生来说也应该相对变得越来越容易了。

如果你从内心深处知道你自己是没有移民倾向、是要回来成就你的辉煌事业报效祖国的,你面对签证官的时候,你的回答和陈述就一定是强有力的。

当然,除了自信这个最基本的第一要素,自然还是要做一些资料、证明文件和仪表上的准备的,不妨看一下新东方徐小平老师的《美国签证哲学》一书。

总之,面对美国领事馆,你的精神状态应该是——昂首挺胸走进去,满面春风走出来。申请美国法学院这一段辛苦的路程结束了,你就打点行装,搭乘美国西北航空,穿越浩瀚无垠的太平洋,到大洋彼岸开始你人生中一段绚丽的历程了。

后　记

——点点滴滴看耶鲁，丝丝缕缕都是情

在我几十年的人生历程中，无论是事业、爱情还是友情，都有过坎坷和挫折，到今天我仍然能够用一颗快乐而宽容的心看待世界，享受生活，是因为我心中有爱。心中有爱，无论走到世界哪一个角落都会找到美丽的生活和美丽的人。一支妙笔写世界。我手中的笔是用来描绘美丽，涂抹善良，歌颂爱心的。

如果你读了我的故事，认为我是一个成功的例子，那么，在我的成功背后，通过这本书，你会发现，有多少双手在默默地支撑着我的梦想，又有多少人将他们的支持和鼓励、关心和爱护，无条件地给予了我。他们之中，有白皮肤、黄皮肤、黑皮肤。我不能给予任何的回报，甚至今生无缘再见，但是，我如果可以将这样的一份爱心，将平等、自由、民主、独立、友爱、关怀这些耶鲁精神和文化传播和延续给我周围的每一个人，我想应该就是对他们最好的回报。

人类对金钱、权力和名利的追求是一条永无满足、永无尽头的路程，有时甚至是一种痛苦的追求。金钱和权力两样本来都是好东西，有钱可以用来办教育、搞慈善、献爱心，有权可以用来更好地服务社会和大众。可是有人却为了个人利益而不择手段地追逐名利，

金钱和权力。我坚信人之初，性本善，没有一个人天生就是恶人。人间如果有丑恶，只是因为后天追逐名利，互相倾轧，丧失了本性。幸运的是，在耶鲁的生活，再次证实了我的信念，让我看到人间永恒的真善美。

我不相信上帝，也不相信命运。如果真有命运，这命运也是靠努力奋斗来的。我虽然不相信命运，可是我却感恩。有一颗感恩的心，在你的前进的道路上无论多少曲折都不会让你气馁；有一颗感恩的心，会让你的心始终柔软。我感激我的父母以身作则将我培养成一个坚强、自信、乐观、宽容、善良并且懂得感恩的人。

我想我的后记主题是感谢——太多的感谢要说，我借这个短短的后记来感谢无数帮助过我的人，有名字的和没有名字的，虽然感谢也是不够的。感谢美国 UB 基金会中国项目主任安妮女士，是她最早的一双慧眼才有了我后面许多精彩的故事和多姿的人生；感谢哥伦比亚大学法学院中国法律中心主任爱德华教授给我的鼓励和教诲，使得我最终选择跨入耶鲁法学院的大门；感谢耶鲁大学校长办公室校长助理 Nina M. Glickson 女士永远那么耐心地解答我的问题、安排我的采访；感谢耶鲁法学院教务办公室的工作人员在学期结束的繁忙时刻还抽空帮我整理出耶鲁法学院从 1843 年到现在的考试评分制度的细致资料；感谢耶鲁法学院负责财务的副院长 Stephen T. Yandle 先生给我介绍和提供法学院的财政情况；感谢法学院图书馆工作人员每天凌晨 2 点在我离开的时候一声轻轻的晚安，可以温暖我在华尔街孤单的身影，尤其在纽黑文寒冷的雪夜……这些工作人员的点点滴滴都使我对耶鲁大学、耶鲁法学院感激不尽。

没有这么多人的帮助，就没有这本书，没有我在耶鲁的美好时光。回到中国，隔着大洋，再点点滴滴地回看耶鲁，细思耶鲁，总感觉丝丝缕缕都是情，不能忘怀。

感谢我的侄女，外交学院中美外交专业的研究生冯捷女士在2004年南京炎热的盛夏，为本书精心翻译了Kronman院长在开学典礼和毕业典礼上充满激情和鼓舞人心的演讲“你是谁”和“世界在期待着你们”。最后，特别感谢法律出版社的董彦斌先生和乔智炜先生对本书的大力支持和精心策划。这个夏天的许多个周末，他们都在加班编排这本书。这本书凝聚了我们三个人的心血。

无憾不成书。2003年的夏天，我常常工作到凌晨二三点钟，每完成一章，心里就越是惶恐，因为需要去进一步了解和研究的东西是那么多，生怕自己对耶鲁的感悟实在太肤浅而有损这座神圣殿堂的声誉。耶鲁法学院的历史是如此源远流长，文化如此博大精深，要想覆盖方方面面，恐怕10年也难完成。至少目前我没有时间和能力来完成这样的巨著。耶鲁法学院的朋友们，请你们不要抱怨。其实，就单单是耶鲁法学院的那一座城堡，就可以是一本几十万字的书，是一个建筑学和历史学的好标本。我相信，任何一个人只要认真看过耶鲁法学院城堡里面的那些雕刻，都会感到自己永远是一个卑微的学生。是啊，耶鲁已经有300年的历史，就是倾尽我毕生的精力，也许也不足以写尽耶鲁的历史和文化。这样，呈现在读者面前的就是一本我自己觉得有太多遗憾的书。再写一本耶鲁法学院的历史和文化的书也许是我的另一个梦想。

这本书很大程度上是为了完成对耶鲁朋友的承诺，也是在朋友的鼓励、催促下完成的。何鲤曾经反复和我说，要写就要写出最好的书，还给我推荐了几本书，让我去读。可是很抱歉，何鲤，我没有办法写出你要的那种最好的文学作品来。我不是一个专业作家。我所写在这本书里的全部是一个普通的中国学者在这座宫殿里面的感受，是我每天在读完那些"痛苦不堪"的案例以后的一点奢侈的文字消遣。其实，向明、何鲤、郝倩、霁光、开开、丽丽、盛意、亚楠、崔威、海妮……我所有在耶鲁法学院的中国同学和朋友，你们每一个人本身都已经是描述耶鲁法学院的一本书，每一个人都有自己的感受，而你们未来将要创建的事业比我这一本书要精彩得多。我唯一感到自豪的是，我的书不一定是最好的，但是我至少开了一个头。我要让中国人真正了解耶鲁和耶鲁法学院，我想我做了自己想做的事情，对自己的心有了一个交代，也尽了自己的一份力。后面那些华丽的篇章，等着你们来写吧！

冯建妹

2006 年 10 月 1 日

最后定稿于上海之窗 · 御景园

图书在版编目(CIP)数据

耶鲁精神:感受耶鲁大学及其法学院/冯建妹著
.—2版.—北京:法律出版社,2017(2019.1重印)
ISBN 978-7-5197-1225-9

Ⅰ.①耶…　Ⅱ.①冯…　Ⅲ.①耶鲁大学—校园—文化
Ⅳ.①G649.712.8

中国版本图书馆CIP数据核字(2017)第196059号

耶鲁精神:感受耶鲁大学及其法学院(第2版)
YELU JINGSHEN:GANSHOU YELU DAXUE JIQI FAXUEYUAN(DI 2 BAN)

冯建妹 著

责任编辑 韩满春
装帧设计 乔智炜

出版 法律出版社
总发行 中国法律图书有限公司
经销 新华书店
印刷 中煤(北京)印务有限公司
责任校对 郭艳萍
责任印制 陶　松

编辑统筹 学术·对外出版分社
开本 A5
印张 10.25
字数 213千
版本 2017年11月第1版
印次 2019年1月第2次印刷

法律出版社/北京市丰台区莲花池西里7号(100073)
网址/www.lawpress.com.cn
投稿邮箱/info@lawpress.com.cn
举报维权邮箱/jbwq@lawpress.com.cn
销售热线/010-83938336
咨询电话/010-63939796

中国法律图书有限公司/北京市丰台区莲花池西里7号(100073)
全国各地中法图分、子公司销售电话:
统一销售客服/400-660-6393
第一法律书店/010-83938334/8335　西安分公司/029-85330678　重庆分公司/023-67453036
上海分公司/021-62071639/1636　深圳分公司/0755-83072995

书号:ISBN 978-7-5197-1225-9　定价:38.00元
(如有缺页或倒装,中国法律图书有限公司负责退换)